高校体育教学理论与训练实践研究

陈　雷◎著

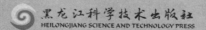

HEILONGJIANG SCIENCE AND TECHNOLOGY PRESS

图书在版编目（CIP）数据

高校体育教学理论与训练实践研究 / 陈雷著 . -- 哈尔滨：黑龙江科学技术出版社，2023.1
ISBN 978-7-5719-1728-9

Ⅰ . ①高… Ⅱ . ①陈… Ⅲ . ①体育教学—教学研究—高等学校 Ⅳ . ① G807.4

中国国家版本馆 CIP 数据核字 (2023) 第 025634 号

高校体育教学理论与训练实践研究
GAOXIAO TIYU JIAOXUE LILUN YU XUNLIAN SHIJIAN YANJIU

作 者	陈 雷	
责任编辑	陈元长	
封面设计	汉唐工社	
出 版	黑龙江科学技术出版社	

地址：哈尔滨市南岗区公安街 70-2 号　邮编：150007
电话：（0451）53642106　传真：（0451）53642143
网址：www.lkcbs.cn

发 行	全国新华书店
印 刷	哈尔滨景美印务有限公司
开 本	710mm×1000mm　1/16
印 张	14.75
字 数	216 千字
版 次	2023 年 1 月第 1 版
印 次	2023 年 1 月第 1 次印刷
书 号	ISBN 978-7-5719-1728-9
定 价	58.00 元

前　言

　　"少年强则国强"，青少年身心健康、体魄强健、意志坚强、朝气蓬勃，是一个民族具有活力、文明、进步及国家整体实力强盛的重要标志。大学生是社会上最为活跃的一个群体，其身心健康状况直接影响国家、民族的前途。加强大学体育教学，强化大学生的身体素质，对于促进我国大学生全面提高素质、促进我国高等教育现代化、建设人才强国，以及培养德智体美劳全面发展的社会主义建设者和接班人具有十分重大的战略意义。

　　随着时代的发展，中国的教育水平也随之提高。"健康中国"战略的落实和"全民健身"的要求使得高校的体育教育越来越受到重视，体育教育也有了长足的发展。高校体育教师逐渐意识到体育与体育教学的密切关系，只有体育与体育教学相互促进，并把体育和体育教学有机地结合起来，才能保证体育教学的效果，提高体育教学的质量和水平。

　　本书分为六章，分别从理论与实际两个层面进行论述。第一章、第二章详细地梳理了高校体育教学与高校体育运动训练的相关理论；第三章到第五章着重分析了高校体育教学内容体系、高校体育教学方法、高校体育教学模式；第六章从实际出发，对高校体育运动训练实践进行了较为详尽的探讨。本书不但对理论进行了论述，而且对实际操作进行了详细的描写，力求将理论与实际联系，以此来增强本书的可读性和实用性。

作　者

2022 年 1 月

目 录

第一章　高校体育教学概述　/01

　　第一节　高校体育教学目标　/03

　　第二节　高校体育教学价值观　/10

第二章　高校体育运动训练　/21

　　第一节　运动训练学概述　/23

　　第二节　运动训练的理论　/30

　　第三节　运动训练的原则　/37

　　第四节　运动训练的方法　/41

第三章　高校体育教学内容体系　/47

　　第一节　高校体育教学内容体系概述　/49

　　第二节　高校体育教学内容的目标与要求　/57

　　第三节　高校体育教学内容的分类和层次　/64

　　第四节　体育教材化及其内容　/70

第四章　高校体育教学方法　/77

　　第一节　高校体育教学方法概述　/79

　　第二节　高校体育教学方法的发展趋势和设计理念　/83

　　第三节　高校体育教学方法的影响因素　/90

　　第四节　高校体育教学方法的选择和运用　/95

第五章　高校体育教学模式　/ 101

第一节　高校体育教学模式现状及其发展趋势　/ 103

第二节　多媒体网络教学模式的应用　/ 109

第三节　分层教学模式的应用　/ 129

第四节　翻转课堂教学模式的应用　/ 145

第六章　高校体育运动训练实践　/ 159

第一节　力量素质训练　/ 161

第二节　速度素质训练　/ 176

第三节　耐力素质训练　/ 192

第四节　柔韧素质训练　/ 212

参 考 文 献　/ 225

第一章　高校体育教学概述

　　大学体育是学校体育的高级阶段，也是整个人生体育的中间环节，它对巩固和提高中小学阶段体育的成果，进一步培养独立锻炼的思想习惯和能力，奠定体育的终身价值是极其重要的。体育理论教学是集中进行体育基本知识教学和思想品德教育的重要形式。体育卫生知识教育可以使学生学会讲究卫生和预防伤病的各种手段，学会健康地生活；体育和保健基本知识对提高学生锻炼身体的自觉性、指导学生科学地进行体育锻炼、培养学生终身体育的态度和能力，以及提高学生体育文化素养有着重要意义。

第一节　高校体育教学目标

体育教学目标是体育教学指导思想的具体体现，是体育教师组织和进行体育教学活动的指南，也是评价体育教学质量标准的依据。体育教学目标表现为对学生学习成果及终结行为的具体描述。在体育教学活动开始之前，教师必须明确学生学习结果的类型，并且用清晰的语言陈述教学目标。编制教学目标是教学设计中非常重要的组成部分，阐明教学目标已经成为体育教学实践和研究的普遍要求，也是体育教学设计的一个核心环节。体育教学目标是指体育教学活动的主体预先确定的、在具体的教学活动中所要达到的、利用现有技术手段可以测定的教学结果和标准。科学设计目标本身已成为当前体育教学领域中的一个重要研究课题。

一、高校体育教学目标的特征

（一）科学性

《中共中央、国务院关于深化教育改革全面推进素质教育的决定》指出："学校教育要树立健康第一的指导思想，切实加强体育工作，使学生掌握基本的运动技能，养成坚持锻炼身体的良好习惯……培养学生的良好卫生习惯，了解科学营养知识。"这就要求学校体育教学目标首先应考虑四个方面，即保健、营养、身体技能和身心全面协调发展，而高校体育教学目标更应注重与社会的发展相适应，提高人才意识。另外，体育作为一种人文现象，它有生物、心理、社会等多方面的功能，应根据社会的需要和学生的特征体现体育的多种功能，并建立体育的课程教学目标。要根据高校的专业和学生构成特点在多功能中有所选择，在重视学生体质的同时，还要兼顾学生的心理发展，以及对学生适应社会能力和终身体育能力的培养，促进学生的心理健康发展和塑造完善的人格。此外，体育教育也要注重对学生创新能力与个性的培养。在体育教育与教学中要因时、因地而异，重视对学生创造性和体育意识、体育兴趣的培养，只有这样才能塑造出符合新时代发展的人，使高校真正成为人才的摇篮。

（二）具体性

高校体育教学目标要在不同年级、不同层面上具体化，把目标落到实处，既要有明确的目标，又要有具体的方法，使教学目标可行、有效。在目标的具体操作上，不仅要追求学生外在技能水平的提高，还要全面追求学生身心的协调发展，既要通过体育教育完成在校期间保证学生身心健康、培养技能、传授知识等方面的任务，还要培养学生对体育的志向、爱好、习惯、能力，为其终身参加体育锻炼打下基础。要以学生发展为中心，而不是以学生为中心。体育教学目标还应注重各个阶段之间的衔接关系，在目标的表达上做到语言清晰、层次清楚，使各个相邻阶段的目标层层递进，体现体育课程目标体系的具体性。

（三）整体性

体育教学目标应以"育人为本"，实现社会、学生、学科的有机结合，从整体上进行协调。体育课程教学目标的制定，应注意整体性和阶段性，按照不同的年级、不同层次来确定目标。各个阶段目标的设置要与学生自身的体育水平和身心特点相符合，不能脱离实际，应有所侧重，充分反映各阶段的特点，体现目标的针对性。各个阶段目标的设置要承上启下，有层次地对待，体现目标的可操作性。各个目标的设置都应包括技能、认识、情感三个方面，体现目标的整体性。

（四）发展性

高校体育课程教学目标不应只局限于学生在校时各方面的身体发展，而要培养学生自主参加锻炼，体验运动的乐趣，进而形成自觉锻炼的习惯。从横向发展来看，应将课内、课外目标相结合，形成两位一体的教学体系。对于学生自身而言，要根据个体之间的差异，充分挖掘学生的身心潜力，体现"以学生发展为本"的基本观念，自始至终贯彻"终身体育"的思想。从纵向发展来看，应将高校体育教学目标与社会的发展和学生适应社会的能力相结合，为社会培养优秀人才。

二、高校体育教学目标改革的构想

（一）提出教学目标改革的依据

1.社会对人才素质的需求

现代社会，高等教育担负着为社会培养新型合格人才的重任。现代社会所需求的合格人才的主要标准包括：掌握本学科专业知识及方法；具备将本学科知识与实际生活和其他学科相结合的能力；具有良好的人格品质。这三条基本标准概括起来就是全面适应21世纪需求的基础扎实、知识面宽、能力和素质高、德智体全面发展的社会主义建设者与接班人。高校体育教学目标制定要依据高校教育总目标，并要遵循体育学科的特点和规律，突出对学生体育知识、体育能力、身心素质、人格品质的培养，使德育、智育、美育寓于体育教学之中，以促进学生身心全面发展，为实现教育总目标服务，培养社会所需要的现代人才。

2.要满足全民健身与终身体育的需要

加强知识分子体育基础、树立终身体育意识在于学校体育，并且关键在于高校。高校体育是学校体育的最后一环，直接与社会相衔接。充分利用高校体育所具有的诸多优势，培养全民健身的组织者和指导者，为终身体育和全民健身服务是高校体育责无旁贷的任务和目标。因此，抓好高校体育，培养大学生的体育意识、兴趣、习惯与能力，就能够实现学校体育与社会体育接轨，改变"学生毕业，体育终结"的现象。可以说，高校对于大学生终身体育基本素质的重视与培养是21世纪高校体育所追求的一个重要目标。

3.要满足大学生身心的需要

大学阶段，学生的身体正常发育已基本完成，身体机能水平也处于人生中的最佳时期，是全面发展体能、身体素质、强健体格的最好时期。年轻的大学生生命力旺盛，具备从事体育运动的条件，并且此时大学生心理发展也趋于成熟，他们渴望从事健身强体的身体文化活动。大学生对体育的身心需求呈多元化和理性化趋势，现代大学生不仅关注健身强体，还更注重体育健

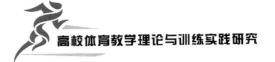
美、娱乐、休闲、交往、竞技的能力和体育文化素质的提高。因此，高校体育教学目标的构想和确立，应根据大学生的身心特点，从满足大学生的身心需要出发。

4. 注意体育功能与教学目标的密切关系

高校体育功能是学校体育本身所具有的特征，并且高校体育功能与学校教学目标存在着密切的逻辑对应关系。目标的确立应该同体育功能密切相关，并要设法开发其功能来适应大学生成长、现实及终身的需求。应该说，只有功能存在，才有其对目标的追求，不存在无功能的目标。学校体育的许多功能，实质上就是目标的载体。只有建立在体育功能基础上的高校体育教学目标才有合理性和实现的可能。可见，在选择并确立高校体育教学目标时必须考虑体育功能与教学目标的关系及其对相关功能的开发和利用。

（二）高校体育教学目标的构建内容

1. 提高大学生的体育文化素养，培养大学生的体育能力

体育文化素养主要包括体育哲学知识、体育社会学知识、体育美学知识、体育心理学知识、体育卫生学知识、体育保健学知识、体育欣赏知识等；体育能力方面的内容主要包括体育锻炼能力、体育组织指导能力、体育欣赏能力等。

2. 培养大学生对体育的认识水平与体育技能水平

大学生需要从不同角度比较全面地认识和了解体育，包括知识、内容、功能、方法等，大学生对体育的认识愈全面、深刻，就愈容易转化为体育行为，可以说认识是实践行为的基础。体育技能就是从事体育实践应具备的技术与能力，是正确完成体育行为和实现目标的重要因素和条件。它是在对体育具有充分认识并学习和掌握了相关动作技术的基础上进行体育实践所获得的体育能力，也就是说，掌握体育技能是对体育进行体验并产生兴趣，从而自觉参与体育锻炼的行为表现。

3. 增强体质，增进健康

增强体质和增进健康的具体目标是全面发展大学生的身体素质，改善生

理机能，强健体格，健美体型，增强对疾病的防御和抵抗能力，以及对环境的适应能力。

4. 健全大学生的人格品质

高校体育教学目标除体育教育外，还包括德育、智育、美育和育心的目标。德育目标就是培养大学生良好的道德品质，使大学生具有爱国主义精神、责任感，能做到团结协作、遵纪守法、公平公正、文明礼貌；智育目标就是发展大学生的智力品质，培养大学生创新精神和能力；美育目标就是培养大学生鉴赏美、表现美和创造美的能力；育心目标就是培养大学生具有良好的心理品质，使大学生具有宽广的胸怀、坚强的毅力，有承受压力和挫折的能力，热爱生活，勇于竞争，乐群合群。

以上体育教学目标内容克服了以往教学目标缺乏科学依据和主观色彩较强的缺点，所构建的目标是建立在遵循原则、依据的基础上，把握目标的研究方法和策略，进而提出符合现代体育教育特点的高校体育教学目标，使之更具科学性、针对性、全面性、合理性和创新性。

三、高校体育教学目标体系构建

（一）按照社会对学生的体育要求构建教学目标

现代课程理论认为课程所要关注的核心是满足学生需要，这一思想对深化体育课程改革具有重要指导意义，因为需要会产生动机，而动机会引导行为。不符合学生需要的体育是缺乏生命力的，是无法激发学生积极进行体育学习与锻炼的动机的。制定的教学目标必须要将学生的个体需要和国家与社会对学生的体育要求统一、协调起来，绝不能以学生个体需要来排斥国家和社会对学生的体育要求，避免把国家和社会对学生的体育要求视为"计划经济的产物"和"对学生个性的压抑"。片面地强调学生个体的需要是不可取和不现实的。学生虽是体育学习的主体，但却是处于发展中的不成熟的主体，他们并不一定能够全面、深刻地认识到自己的体育需要，并不一定能够把现实的体育需要与长远的体育需要、个人的体育需要与国家和社会的体育需要统一起来。

学生的体育需要主要反映在对体育学习与锻炼内容的选择上。大多数学生对体育学习与锻炼内容的选择主要从个人的兴趣出发，一般都愿意选择一些好玩的、轻松的体育内容，而对于一些比较单调的、需要付出一定意志努力才能完成的，但对促进身心发展与完成课程目标特别有效的内容，如田径、体操等，学生大多都不喜欢。所以，不能片面地强调学生的个体需要，而忽视国家和社会的体育要求。因此，必须站在育人的高度上，通过科学合理的体育课程教学目标，加强对学生正确体育学习动机的培养与体育价值观的教育，同时积极努力地改革教学方法，以此来激发学生进行体育学习与锻炼的兴趣，这是高校体育课程教学目标的核心和体育教学的职责所在。

（二）强调学生快乐情感的体验

新的课程理念强调，要使每一个学生都能体验到学习和成功的乐趣，要十分关注学生的运动兴趣。只有激发并保持学生的运动兴趣，才能使学生自觉、积极地进行体育锻炼，这是实现体育课程目标和价值的有效保证。但是绝不能片面地理解为体育课就是要让学生玩、要让学生乐，只要学生玩得痛快、乐得开心的课就是好课，这完全背离了体育课的课程理念，忽视了对学生刻苦锻炼精神的培养。

在高校体育与体育课程教学中，让学生体验学习与锻炼的成绩与快乐是主要的、基本的，但这仅是高校体育和体育课程教学的一部分。即便从丰富学生的情感而言，只有快乐的情感体验也是不够的。其实，在高校体育中，快乐与艰辛、主动与被动、领先与落后、优势与劣势、成功与失败总是相生相克、相辅相成的，绝对的快乐是不存在的，教学目标应充分体现体育教学这一特有的内涵。

（三）强调体育能力的培养

在过去的体育课程教学中，一般都比较重视学生运动技能的传习，对培养学生体育能力的重视程度不够。素质教育和现代教育思想要求使学生"学会学习"和"学会健体"，因而在深化体育课程改革中强调要"为学生奠定终身体育的基础"，要重视培养学生独立从事科学锻炼身体的能力。但是，在课程教学目标中一定要避免把学习运动技能与培养学生体育能力割裂开来或对立起来，主要应避免以下倾向。

（1）过分强调加强体育与健康理论知识的教学，倾向于"体育教学要向健康教育转变"的观念。

（2）为了培养学生的独立锻炼能力，在体育教学中片面强调让学生"自定目标，自选内容，自主锻炼"。对运动技能教学没有一个基本的要求和标准，实质上是放任自流的做法。

（3）目前，在体育教学改革中要实现三个转变：一是要由"重视学会"转变为"重视会学"；二是由"重视运动技能学习"转变为"重视体育能力的培养"；三是由"重视技能掌握"转变为"重视情感体验"。这就会造成一种不正确、不科学的认识：体育教学中学生是否掌握体育知识、技能并不是主要的，体验学习过程就是所要追求的一种结果。

毫无疑问，培养学生的体育能力是十分重要的，但体育能力绝非空中楼阁，必须要以运动技能为基础，离开了运动技能的学习，体育能力的培养就成了无源之水，无本之木。一个不掌握任何运动技能的人，不会有体育能力，因为一个任何运动技能都不掌握的人，根本就不知道自己该练什么，更不知道该怎么练。正因为如此，《全民健身计划纲要》提出："要对学生进行终身体育的教育，培养学生体育锻炼的意识、技能与习惯。"《义务教育课程方案和课程标准（2022年版）》也强调，体育知识技能是课程学习的主要内容。离开了运动技能学习，体育能力的培养就成了一句空话。在高校体育课程教学目标中，更不能把能力培养空洞化、简单化、庸俗化。

（四）强调对体育学习过程的评价

传统的体育学习评价，主要以学生的学习结果为依据，忽视对学生学习过程的评价，因而不利于激发学生学习的积极性，不利于学生的健康成长。因此，新的课程评价力求突破注重终结评价而忽视过程评价的状态，强化评价的激励、发展功能，主张既评价最终成绩，又评价学习过程和进步幅度。然而，在课程教学目标中一定要避免从一个极端走向另一个极端，即学生学会什么并不重要，重要的是"会学"。学习评价具有极强的导向性，不重视学习结果的评价，会把体育课程教学引向何方？会对学生的体育学习产生什么样的影响？激励的作用何在？这就是高校体育课程教学目标要解决好的问题。

（五）强调学生的个体差异

传统的教育思想是以教师为中心，以教材为中心，忽视了学生的个体差异，用同一标准、同一内容、同一方法、同一进度来对待千差万别的学生，严重挫伤了学生的学习积极性。现代教育思想认为，学生是学习和发展的主体，课程教学必须以学生发展为中心。为此，新的课程理念特别强调必须确立学生在课程学习中的主体地位，主要体现在两个方面：一个是课程教学应当尽量满足学生个体发展的需要，另一个是课程教学必须十分关注学生的个体差异，确保每个学生受益。学生的个体差异是学生主体的客观存在，在课程教学中，只有充分关注学生的个体差异，切实加强因材施教、区别对待，才能确保每个学生受益。

在体育课程的教学目标中，既要强调和体现出体育的育人过程，又要强调体育的育人结果。课程教学目标所追求的是学校体育与体育课程各项目标的全面达成，为社会培养优秀的人才做出实实在在的贡献。

第二节　高校体育教学价值观

价值观是一个人对周围的客观事物（人、事、物）的意义、重要性的总评价和总看法，是对好坏、善恶、美丑、成败、贵贱、贫富、是非、对错的一种基本价值信仰，是提倡什么、反对什么、弘扬什么、抑制什么、遵循什么的一种价值态度。价值观是后天形成的，是通过社会化培养起来的，是随着知识的增长和生活经验的积累而逐步确立起来的。家庭、学校对价值观的形成起着关键的作用，社会环境也对其有着非常重要的影响。

一、当前价值观教育存在的主要问题

从目前的情况看，尽管价值观教育已经得到越来越多的社会群体和广大民众的重视，但是还存在着一些问题。

第一，学校价值观教育是整个价值观教育体系中的主体部分，但其系统性不强，实效欠佳。学校价值观教育是学校德育工作的中心环节，是整个价值观教育体系中的主体部分，也是价值观教育能否取得实效的关键部分。学校价值观教育作为有目的、有组织的系统，对年轻一代形成正确的价值观有着非常重要的作用，同时对整个社会主导价值观的形成也有着强大的促进作用。因此，青少年学生能否树立起正确的价值观，将直接影响学校德育工作和整个教育工作的质量，也将直接影响到我国社会主义现代化建设事业的成败和民族的兴衰。学校价值观教育意义重大，各级各类学校都在组织开展教育活动，尽管取得了一定的效果，但总体上说还是存在着不少问题，主要表现为重视度不够、系统性不强、实际效果不够理想。从教育的纵向体系来看，从幼儿园教育、小学教育、中学教育、大学教育，直至大学后教育，这一教育体系中的思想政治教育除了政治教育这一主体结构部分，或多或少忽视了公民教育、规则教育、礼仪教育、处理人际关系教育、处理义利关系教育、实际日常生活智慧教育等。尤其值得关注的是，在基础教育阶段，尽管学校开设了小学德育、中学思想品德教育等课程，但是在应试教育的指挥棒下，由于这些课程在学校应试教育过程中对于"考试分数"的贡献度不大，相关任课教师和学生对这些课程都不太重视，因而教学效果欠佳。而对于其他课程的教学工作来说，在校内校外考试成绩排名的重压下，任课教师几乎将所有的目光都聚焦在书本知识的传授、解题技巧的指导、竞赛水平的提升上，很少顾及教师的"育人"职责，而与此同时，学生也更加关注与自己前途和命运密切关联的各种统考和竞赛名次，导致这些课程更难实现"传道"的效果。

第二，家庭教育的重要职责是教会孩子做人，但一些家庭存在缺失或偏颇。父母是子女的第一任老师，应当是孩子道德教育的实践者和行动榜样，家长的言行会给孩子一生留下深深的烙印，家庭教育让孩子养成的习惯会在

很大程度上决定他们的发展方向和人生目标。当今的中国社会，父母越来越注重子女的知识教育，在应试教育上不惜花费重金。但是受传统文化背景和周边社会环境的影响，以及父母道德水准、知识水平、个性特征、信息来源等因素的影响，很多孩子无法在家庭获得全面、系统的道德教育和人生教育，不少父母甚至还有一种错误的认识，认为家长的任务在于为孩子提供充裕的物质条件，应当关心的是孩子知识的学习、技能的培养、升学的目标，至于道德教化则是学校和社会的责任，更有一些父母甚至通过自己的言行向孩子灌输与学校倡导的德智体美劳全面发展的价值理念相背离的错误价值观，这种行为很可能会使孩子在良莠并存的价值观面前无所适从，甚至可能选择错误的价值观。

二、学校体育的价值观

（一）体育价值观

体育观是个人或社会对体育存在的意义和价值的认识，这种意义和价值的认识决定体育的发展方向。从这个意义来说，体育观的核心是体育价值观。体育价值就是体育满足人们需要的这种关系属性。一个人或社会的体育价值观与他本人或社会的体育目的和生活方式有很大的关系。体育价值观可以从两个层次来认识：第一个层次是对体育总体价值的认识，集中表现在重视或鄙视体育的种种观念；第二个层次是对体育价值取向的具体选择。

（二）学校体育价值观

学校体育价值观与学校的体育目的和学校师生的生活方式有很大的关系。首先是学校对体育总体价值的认识，集中表现在学校重视或忽视体育的种种观念。因体育功能的多样性，绝大多数学校将体育作为促进学生全面发展的重要手段和高校精神文明建设的重要窗口，从而加大开展体育活动的力度，重视体育的发展。其次是体育价值主体在把体育作为一种社会客体的情况下，根据自身生存和发展的体育需要对体育客体进行价值设定、价值预期时所表现出来的意向或倾向。因学校体育目的的不同，所以体育价值取向各异。

（三）学校体育价值取向

体育价值取向大约有三种：一是社会本位的价值取向（工具论）；二是人本位的价值取向（本体论）；三是人本位和社会本位双重奏的价值取向。学校体育作为一种有效的教学手段在学校中逐渐发展，在这个过程中，人们也日益深刻地认识到体育学习对于人的发展具有多方面的价值。学校体育的价值取向决定于我国的社会主义教育目的。我国社会主义的教育目的是培养德智体美劳全面发展的社会主义事业的建设者和接班人。体育是教育的重要内容，是素质教育的重要手段。我国学校体育目标是促进学生身心健康，提高运动技能水平，提高文化素养，提高终身体育要素，所以我国学校体育的价值取向与学校体育的目标紧密联系在一起，是围绕学生的全面发展和学校精神文明建设而进行的。

学校体育最直接、最显著的价值是促进身体的正常发育和身体健康水平的提升。一方面，在教师指导下参加体育活动，学生能够增强体能，使身体健康水平得到提高，促使学生身体形态和身体机能的变化。另一方面，体育实践可以影响人们的情绪和各种心理感受，如在和谐、平等、友爱的运动环境和舆论环境中，可以产生各种复杂的情感体验，促进学生在面对挫折和克服困难的过程中，或者在与同学共同体育锻炼和比赛中，增强自尊心和自信心，形成积极向上、乐观开朗的人生态度，增进心理健康。

学校体育通过教学活动使学生获得一种操作性、技能性的知识和体育理论知识。通过学习，学生可以掌握促进身体健康和终身体育必需的运动技能、体育与健康知识和科学锻炼的方法、正确的体育与健康观念、安全运动的能力，以及运用体育与健康的资源、信息、产品为健康服务的能力。

体育是人的社会化的重要方式，在与他人和群体的交往过程中，体育活动是一种重要手段。现代社会的发展扩大了社会的交往范围，学习体育游戏和体育规则可以使学生获得社会适应能力，使学生理解个人健康和群体健康与自我、群体和社会的关系，培养学生的团队合作精神与竞争意识。学校体育在体育教学、体育训练、体育活动、体育比赛中更能够培养学生的参与和竞争意识，更能够培养学生的集体主义精神与团队合作精神，从而提高学生

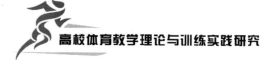

的社会适应能力。

体育训练和比赛是不断面对挫折和克服困难的过程。在这个过程中，学生将不断体验挫折和困难，从而提高抗挫折能力和情绪调节能力，培养意志品质。在不断超越昨天、超越自我的过程中，学会体验进步和成功的喜悦，从而形成勇敢、顽强的意志品质和乐观开朗的人生态度。体育竞赛遵从"公开、公平、公正"的行为规范，学校通过体育竞赛，培养师生"不畏强手、敢于竞争、敢于胜利"和"光明正大、心底无私、光明磊落"的优秀品质，使师生形成良好的体育道德。

通过长期的运动实践，学生不但能形成对身体、活动和健康的正确观念，增强自我保健的意识，同时还将逐步养成健康的行为习惯和生活方式，形成终身体育的思想。学校体育是终身体育的基础，运动兴趣和习惯是促进学生自主学习和终身坚持锻炼的前提。学生的学习兴趣直接影响着学生的学习行为和效果，学生能否通过体育与健康课程的学习形成体育锻炼的习惯，兴趣发挥着非常重要的作用，所以激发和培养学生的运动兴趣，使学生自觉、主动、积极地进行体育学习，是形成良好的体育锻炼意识和终身体育思想的关键。

三、高校体育教学融入社会主义核心价值观研究

中国特色社会主义市场经济的发展，推动了我国体育教育产业化的转型，高校体育工作也因此变得更加贴近生活、贴近现实。以社会主义核心价值观为引领，开展高校体育教学工作，是在新的历史条件下运用中国化的马克思主义解决高校体育教学工作中实际问题的现实选择。体育作为一种实践活动，对每个人的人生态度和思想道德素质的形成有着重要的影响。目前，我国高校体育教学以运动能力和身体素质考核为主，较少考察体育精神的培育状况，这不利于大学生的精神成人。社会主义核心价值观和体育精神有着内在的契合性，他们都对人的精神世界产生重要的影响。因此，科学考量社会主义核心价值观与高校体育教学工作的内在关系，在体育教学工作中培育践行社会主义核心价值观，用社会主义核心价值观促进体育教学完整化发展，促进大学生精神成人，具有重要的现实意义。

（一）社会主义核心价值观融入体育教学的重要意义

第一，将社会主义核心价值观融入体育教学环节有利于丰富学生的精神世界。社会主义核心价值观用最简单、直白、有效的语言勾勒出了和谐社会发展中最重要的精神文化理念，彰显了中华文明的精髓，弘扬了中华传统美德。高校体育教学应以社会主义核心价值观为引领，将社会主义核心价值观融入体育教学的各个环节，潜移默化地引导学生在日常学习、生活之中形成正确的价值观、人生观、世界观，让学生以社会主义核心价值观为遵循的准则，规范自己的行为，丰富自己的精神世界，树立远大崇高的理想，将自己培养成社会主义事业合格的建设者和接班人。具体而言，培育学生的社会主义核心价值观，可以帮助学生提高体育竞技素养，养成符合德智体美全面发展要求的体育精神，从而达到提高学生综合素质的目的。高校培育和践行社会主义核心价值观，是因为社会主义核心价值观既是公民需遵循的基本道德准则，又是推动社会、集体发展进步的精神动力，能够让大学生在拥有正确的价值判断标准和道德准则的基础上，自发地提高思想境界，并外化为实践行为。

第二，将社会主义核心价值观融入体育教学环节有利于学生优化价值结构。高校学生的年龄段是 18 至 23 岁，这个年龄段正是年轻人价值观念形成的重要时期，学生无论是心理素质还是道德观念都还不是很成熟。将社会主义核心价值观融入体育教学过程中，可以让学生将其内化于心，外化于行，有助于大学生提升道德素养层次。体育教师要积累实践经验，探索和寻找合理有效的教学途径，提高教学效果，有效地将社会主义核心价值观融入体育教学活动中，在促进大学生发展专业技能的同时促进其形成健康向上的价值观念，为其学习成长提供更加明确的价值导向，保证每一名大学生自我价值观的结构优化。高校在体育教学的各个环节要以社会主义核心价值观为引领，让学生理解社会主义核心价值观的核心要素与理念，进而促进学生通过学习民主意识，提高自身权利认同。大学生通过学习自由观念，加深对公正与公平的理解；通过学习法治观念，增强利用法律保护自我权益的意识；通过学习爱国敬业思想，培养自身的爱国意识和敬业情怀；通过学习诚信、友善，

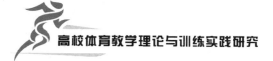

保持正确积极的生活态度。

第三，将社会主义核心价值观融入体育教学环节有利于完善高校体育思想政治认知体系，提高体育学生的思想境界。在高校体育教学中培育践行社会主义核心价值观，对于完善高校体育思想政治认知体系、提高学生精神境界具有重要的现实意义。"富强、民主、文明、和谐"有利于培养学生的爱国意识、民主意识、文明标准、和谐理念；"自由、平等、公正、法治"有利于培养学生的自由观念、平等价值观、公正心态、法治观念，让学生可以在社会生活和发展中准确认识自我，实现自我价值；"爱国、敬业、诚信、友善"有利于学生端正态度，以更加敬业的态度去训练专业技能。高校通过培育学生爱国意识和敬业态度来提高学习质量，既能让学生在充满竞争的环境中坚守诚信友善做人的基本准则，又可以让社会主义核心价值观在体育教学中得到更快更好的推广。完善的高校体育认知体系有利于增强大学生自身的道德素养，优化体育教学效果，提高学生整体思想政治水平，实现学生的全面发展。

第四，将社会主义核心价值观融入体育教学环节有利于学生道德素养和体育素养的提高。高校体育教学工作专业化程度高，学生学习重心主要放在提升自身运动素质，如反应度、灵敏度、跳能力、耐力、爆发力等。随着社会主义核心价值观的大力推行，高校体育教学的目标不再只是专注于传统的体育素质，而是朝着"双向"发展的方向前进。"双向"发展指的是从道德素养和体育素养两个方面提升体育学生的能力，目的是提高体育学生自身的综合能力，以体育教学工作本身的综合素质为出发点考虑学生的考核标准，均衡了高校体育教育工作的开展，融入了更多的思想政治教学理念。"双向"发展有利于学生更好地理解体育精神深层次的意义，有利于高校发挥维护高校学生体育锻炼的功能。随着高校体育教学工作的不断深入，体育教学工作的道德观念引导性也在不断增强，我国建设和谐社会的发展方向也越来越明确。

（二）高校体育教学融入社会主义核心价值观的可行措施

第一，通过榜样带动学生整体提高精神境界，确立正确的价值观。在高校体育教学活动中，教师应当发挥模范带头作用，从自身做起，自觉将社会主义核心价值观融入教学、生活中，从而引导、教育学生。教师在学生心中不仅仅是知识的传递者，同时也是分享喜忧的好朋友。这就使得教师要想将社会主义核心价值观有效融入高校体育教学，就必须身体力行，以身作则，以端正的形象、正确的言论、良好的道德、精湛的业务为教学依托，让学生从教师身上切实感受到践行社会主义核心价值观的要义，切实感受到社会主义核心价值观是全社会公民需要遵守的基本价值准则，从而拉近学生与教师间的距离，取得良好的教学效果。除了教师必须起示范带头作用，学生中的先进分子也可以成为学习榜样。高校可以在体育专业内开展先进事例、先进学生的表彰活动，对在生活中帮助同学、在竞技场上积极助攻配合的学生进行表扬，让其先进事迹被每一名学生知晓，去感染每一名学生，引导他们从整体上提高精神境界，确立正确的价值观和学习观。

第二，在弘扬体育精神中培育、践行社会主义核心价值观。社会主义核心价值观是思想政治教育工作的重要内容，高校要在提高大学生自身道德学习能力的基础上，积极倡导体育精神，让体育精神在教学过程中激励学生成长。在体育课程的准备过程中，教师要认真学习并扩展自己的知识面，通过生动形象的故事、案例感染学生，让学生在学习过程中亲身感受到社会主义核心价值观所强调的精神内涵。

四、体育价值观培养应适应 21 世纪社会对人才的要求

体育价值观是指人们以需要的尺度来评价体育这种社会现象的存在和发展，是人们对体育的认识和看法。21 世纪对人才的需求是全面发展的人，展开来说，即知识面宽、创新设计操作能力强、综合素质高、有创造性、会生活、体魄健全的社会成员。如何把握社会发展的需要和人发展的需要，发挥高校体育在人的全面发展中的重要作用，树立正确的体育价值观，是高校价值教学改革的重中之重。

体育价值观的培养首先应着眼于培养学生对体育价值的认知。第一，体育价值的认知来自内驱力。人本身是一个整体的有机系统，同时又是整个世界系统的一部分，那么人对体育的价值认识就不是孤立于外部世界独立的感受，而是在内部世界和外部世界相互交融下的结果。体育价值认知除了与身体的健康这种以生存为基础的内驱力相关，它与人们的需要和维持身心平衡状态的倾向等多种内驱力亦直接相关。体育价值认知活动与自我的目标一致，只有这种一致性才有意义。人的认知是内向地为了人自己的生存和发展，特别是指向同他生存与发展密切相关的现实的对象性因素。一个以减肥为目标的人，锻炼形式本身不是他的价值，他与进行一般性健康锻炼的人虽然同样认真地做某一个动作，但他所期望的结果是不一样的。对于减肥的人来说，减肥是其锻炼的目标，当减肥的结果显现出来的时候，他才会满足，才能证明这种运动对他有价值意义，否则他的运动方式就很难维持。第二，运动中的自我体验是价值认知的源泉。价值认知需要内驱力作为基础，而运动的体验是后继的源泉。体育价值认知经过一段时间的实践会形成一种相对稳定的认知模式，并形成一种强有力的定式，但这种定式只是一种动态平衡，因为人的身心力量和认知具有一种不断超越原有定式的趋势，如一开始为了身体健康而锻炼的人，随着身体健康状况的改善，会不满足于目前达成的目标，就会采用更多的方式或更大的运动负荷使体质得到全面的增强。所以，人作为现实的主体，总是自觉或不自觉地按照某种体验来认识世界、改造世界和创造世界。这种体验是在人同外部世界发生关系并反思这种关系的过程中逐步形成的。体验形成后，不仅会沉积在人们的内部精神世界中，还会沉积在社会文化结构中，因而可以通过遗传方式得以巩固和流传，并通过历史的联系和社会的交往，在社会成员之间传播、渗透，为每个社会成员所接受、同化，最终成为维系精神世界的动力。

体育价值认知在有条件时，人们会将外在的、短暂的目标作为自己的目的，如只追求体育考试能及格，这时可以将此阶段视为兴趣的培养阶段。在实现目标的过程中，需要许多与价值认知相关的成分加入，如感情，这样才能走完这一过程，否则就会半途而废。如果考试也及格了，在运动锻炼中又获得了满足和愉悦，就会形成占优势的行为趋向，形成兴趣，运动就有了某种意义。

在兴趣积累到一定程度后，就会建立较高的体育素养。这种认识不是那种依赖于有限实在的盲目而无理性的本能行为，也不是那种追求短暂目标并把短暂目标当作终极的行为。无条件行为以真实存在为基础，就其对生命本质的真实把握而言，它包括时刻的自我反省，不会因为运动暂时不符合愿望而改变行为，每一过程都是结果，都是满足，运动的每一时刻都是有意义的过程。

对一种价值观的肯定就是对另一种价值观的否定。一个人接受一种价值观理论后，并不知道完整的事实，但他可以借此了解什么是对自己有价值的，什么是对自己无价值的。当他知道了什么是对的、有价值的，他就明白了应该追求什么和应该避免什么，于是他就把握住了自己的行为方向。

21 世纪社会对人才的需求是全面发展的人，它在人的知识面、创新能力、综合素质、体魄等方面提出了较高的要求，体育教育在全面发展人的能力方面有其独特的作用。所以，在培养学生体育价值观的方法上，教师要使学生领会这一方面能力的培养对他们是有用的，是有价值的。

第二章　高校体育运动训练

第一节　运动训练学概述

从 1896 年第一届奥林匹克运动会开始，现代竞技体育就和运动训练结下了不解之缘。随着竞技体育的发展，人们也越来越认识到运动训练理论在竞技体育中的作用。当人们站在历史的高度回顾竞技体育发展历程的时候可以看到，运动训练学与竞技体育形影相随，运动训练学成为竞技体育更高、更快、更强的动力。

一、运动训练学的发展历程

运动训练理论并不是与竞技体育同步发展的，而是在竞技运动发展到一定程度，竞争日趋激烈，传统的经验式训练已不足以满足竞技运动需要时产生的。

苏联涉足运动训练理论的研究是比较早的。最早的一本专著是 1922 年苏联的格里涅夫斯基完成的《科学的训练原理》。苏联学者列·巴·马特维也夫（以下简称"马特维也夫"）于 20 世纪 60 年代提出了"周期训练理论"，并于 1964 年出版了《运动训练的分期问题》一书。

1964 年，德国的迪特里希·哈雷博士（Dr.Dietrich Harre，以下简称"哈雷"）主持编写了《训练学》讲义，并于 1969 年正式出版了《训练学》一书，这是世界上第一本综合型的运动训练学专著，标志着运动训练学作为一门独立学科正式诞生。在世界各国学者的共同关注和努力下，运动训练学理论体系逐步形成。1977 年，马特维也夫出版了《运动训练原理》一书，由于该著作有很高的科学性、概括性和应用性，至今仍被公认为运动训练理论的经典著作之一，其所提出的周期训练理论更是影响深远。除此之外，还有苏联弗·纳·普拉托诺夫编著的《运动训练理论与方法》、德国学者葛欧瑟编著的《运动训练学》、美国学者福兰克·杰克逊编著的《运动训练原理》、加拿大图多·博姆帕（T.O.Bompa，以下简称"博姆帕"）的《运动训练理论与方法》、德国马丁的《训练学基础》、日本学者饭冢铁雄编著的《竞技运动最佳化训练原理》等，这些著作对运动训练学理论框架的充实和完善奠定了坚实的基础。

我国运动训练学的发展始于20世纪50年代，但在1966年之前，主要处于运动训练学的萌芽时期。这一阶段主要通过译著一些文献及整理外国专家来华讲稿等途径，逐步引进了一些单项训练理论。在受到国外研究的影响和冲击及国外许多运动训练学论著不断问世的背景下，我国一些学者也开始打破专项理论的束缚，探索运动训练方法、过程及负荷的基本规律。在此期间，我国提出了"三从一大"训练原则，运动训练理论开始朝科学系统的方向发展。

20世纪70年代之后，国际交往逐渐增多，国内学者积极引进并翻译了许多国外专著，如蔡俊五等翻译引进的哈雷博士的《训练学》、张世杰翻译引进的弗·弗·佩特罗夫斯基的《控制论与运动》、张人民等翻译引进的弗·纳·普拉托诺夫的《现代运动训练》、马铁等翻译引进的博姆帕的《运动训练理论与方法》、姚颂平翻译的马特维也夫的《竞技运动理论》等。同时，一大批国外学者也来华进行讲学，如德国运动训练学专家葛欧瑟等，带动了我国运动训练学的研究，培养了一批致力于运动训练理论研究的年青学者。

1982年，我国学者徐本力为全国青年篮球队教练员训练班编写了一本《运动训练学》内部讲义。1983年，在中国体育科学学会组织下，经过过家兴等一批专家的多年努力，完成了《运动训练学》专著，宣布了我国运动训练学学科的诞生。1986年，董国珍也编著了一本名为《运动训练学》的内部教材。1988年，运动训练学被中华人民共和国国家教育委员会（现中华人民共和国教育部）确定为运动训练专业的主干课程。在这期间，田麦久、徐本力、过家兴、延峰、茅鹏、胡亦海、刘建和、王永盛等都相继出版了有关运动训练学的专著或教材，而有关运动训练的研究论文更是"百家争鸣、百花齐放"。正是通过这些学者的不懈努力，我国运动训练学逐渐自成体系，有些研究在国际上也处于领先水平，丰富了世界运动训练学的知识宝库。

二、运动训练学的基本理论框架

在项群训练理论建立健全并被引进运动训练之前，对于运动训练学的研究主要从一般训练理论和专项训练理论两个层次展开。

运动训练理论首先源于各个专项训练实践和专项训练理论。一般训练理论是专项训练理论发展到高级水平的必然产物，是从各专项训练理论中总结出的带有广泛适用性的共性规律，并上升为对不同项目的运动训练活动具有普遍指导意义的理论，它的形成和发展促使运动训练实践和专项训练理论得到更进一步的提高和发展。人们所谈及的"运动训练学"，通常指这种阐明运动训练基础理论和训练过程中带有共性及普遍性问题的理论体系，即一般训练理论（一般训练学）。

由于受到苏联和德国学者运动训练思想的影响，从 1983 年第一本《运动训练学》专著出版，到 2000 年新版《运动训练学》的发行，以及国内出版发行的许多有关运动训练学的专著或教材，在内容体系上都非常相似，主要内容包括运动训练概述、运动训练的原理和原则、运动训练方法和手段、体能训练、技战术及心理训练、运动训练计划、运动训练的管理等。

在项群训练理论建立健全并被引进运动训练学之后，运动训练理论的研究领域就由原来的两个层次拓展到了三个层次。项群训练理论成为联系一般训练理论和专项训练理论的纽带和桥梁，加强了一般训练理论与专项训练理论的互动，使运动训练学这一指导运动训练实践的上层理论变得更为具体和实用。但从最新的《运动训练学》教材可以看出，项群训练理论的引入虽然充实了运动训练学的内容体系，使其更加丰满和科学，但是其并没有从根本上触动和改变运动训练学的结构体系，它只是对原有运动训练学做了内容上的扩充。一般训练理论与现代高速发展的竞技体育之间的矛盾已经在很多方面突显出来，人们不断面临着一些尴尬的局面。因此，项群训练理论对现代训练理论所带来的冲击还远没有结束，对运动训练学理论体系（内容体系和结构体系）的重新调整和构建将是现代竞技运动向人们提出的新的挑战。

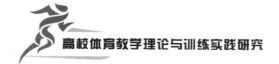

三、运动训练学发展过程中几个问题的思考

（一）关于"周期训练"理论的思考

"周期训练"理论是 20 世纪 60 年代中期由马特维也夫提出的，在当时的情况下，主要是针对田径、游泳、举重等体能类项目所进行的研究。马特维也夫明确指出，竞技状态发展的阶段性是运动训练分期的自然基础，运动竞技状态的发展分获得、保持和消失三个阶段，呈周期性的"按顺序不断交替"，因此"训练周期"也相应地有三个时期，即训练期、竞赛期、过渡期。同时，他也指出训练和恢复在训练中表现出周期性。最基本的环节是"小周期"。从准备和实现一个主要比赛目标再过渡到下一轮，这样一个完整的过程就表现为一个"大周期"。在大周期和小周期之间，由"中周期"进行衔接，在大周期之上，还有"全周期"。训练过程的控制是由不同层次的"训练周期"组织实现的。

马特维也夫的"训练周期"理论一经提出，立即产生了较大的影响，并被许多学者和教练员认同。目前，"周期训练"理论的内容依然占据运动训练学的主要部分，作为运动训练学重要内容的训练计划，就是针对"周期训练"理论来进行的。可以说，"周期训练"是训练计划制订和控制的核心，而作为运动训练计划，更对运动训练的阶段划分、内容、方法、手段、训练目标起到界定作用。因此，"周期训练"理论在运动训练学中的地位和作用是极其深远的，许多学者如田麦久、过家兴、徐本力等都在专著或文章中对运动训练中的"周期"问题进行过专门的研究和分析。"周期训练"理论在运动训练中的广泛应用，对运动训练的科学化起到了非常重要的作用，由此取得的成绩也是有目共睹的，其可行性无论从理论上还是实践上都得到了一定的检验。但前文也说过，运动训练是一个不断发展、不断提高的过程，作为其理论支撑的运动训练学也需要不断被检验、被验证。运动训练理论的发展本身就是一个螺旋上升，甚至迂回发展的过程，因此在竞技体育高速发展并且多样化的今天，"周期训练"理论与现代竞技体育的矛盾也日益呈现，"周期训练"理论的科学性甚至也受到了质疑。"周期训练"观点是否科学？

是否需要变革？这都是值得反思的问题。目前的问题集中在以下三个方面。

第一，一个训练模式必须建立在运动基础理论的基础上，运动基础理论从人体运动的生理、生化机制和运动力学特征等方向支持并解释训练理论的科学性。而马特维也夫的"周期训练"理论是在缺乏严格控制的研究和实验条件下提出来的。这种学者从学科科学化发展的角度来分析是无可非议的，但运动训练中的许多新理论、新技术的产生都是在实践中不断总结并应用，最终才被验证并升华为理论的。马特维也夫在大量项目实践的基础上总结出的"周期训练"理论，显然也不是凭空臆造的，在其后的实践应用中，这一理论也得到了一定的验证。当然，经验要想上升为理论，必须采用科学方法、手段和科学理论进行反复验证，才能成为真正意义上的科学理论，现在已经有学者在做这方面的尝试。所以，当"周期训练"理论在实际应用中遭遇败绩后，被人们所质疑也是在所难免的。但毕竟科学化需要一个过程，在这期间，应以科学客观的态度看待"周期训练"理论，而不能全盘否定。

第二，现代竞技体育的比赛与以往相比，已经发生了巨大的变化。不要说篮球、足球这些项目，就连田径、游泳的赛制也发生了很大变化，比赛次数明显增加，而且赛期分布全年。美国职业篮球联赛（NBA）、英格兰足球超级联赛、中国足球协会超级联赛、德国足球甲级联赛更是成了生活的重要部分。"周期训练"理论中的周期似乎已被现有赛制分割和瓦解，再按照一般训练与专项训练、负荷量和负荷强度在训练周期理论中的那种界定进行运动训练的安排，显然已不能适应目前高强度、高频率、时间不确定的赛制的具体情况。

第三，忽视了训练过程中的系统性、完整性。"周期训练"理论把训练过程划分成全年训练周期、阶段训练周期、周训练周期，甚至更小的训练周期。首先，在划分前没有考虑运动员个体在训练中的生理、心理、技战术等实际变化和发展特点，而前期的预测显然是非常困难的。因此，实际的训练过程应根据运动员个体适时地安排并调整训练，这是一个螺旋发展过程，在一定程度上打破了周期划分的界限，表现出以时间为主线而非周期性变化的特点。

目前，人们应如何看待和应用"周期训练"理论呢？首先，应以发展的眼光看待"周期训练",而非教条地去应用它。"周期训练"的提出并没有让大家墨守成规地去应用,只是人们自己没能打破思想上的桎梏。对于目前的运动训练,"周期训练"理论更大的意义应该是一种训练思想,应该吸取其精华。从宏观上讲,训练的整个过程还是有周期性规律的,但不能在训练的全过程都陷于"周期训练"的框架之中不能自已。其次,应引入新的理念、新的思路。对于目前的情况,人们完全可以跳出周期的概念,应用目前兴起的时间学理论来重新阐释"周期训练"理论。周期本来就是时间的一种表现,运动训练与时间紧密相连,因此借助新的理念,"周期训练"理论就可以重获新生。最后,应重视多学科的综合应用。这点已被大家所认同,但在实际操作时,往往孤立了各学科间的联系,很多研究重复进行,研究成果也不能共享,造成认识上的偏差和不统一。

（二）关于"竞技状态"的思考

目前对"竞技状态"的定义是"运动员达到优异成绩所处的最适宜的准备状态"或"当负荷维持在高水平上,机体的工作能力和训练程度也稳定在较高水平上的一种状态"。判断"竞技状态"的标准最终是要依靠训练计划中各种指标及任务的完成度来衡量。现在"竞技状态"被人为划分成"形成、保持、消失"三个过程,似乎很难与训练表现的具体情况保持一致,所以"竞技状态"这一沿用了多年的概念,其内涵应该发生改变,如果这一概念的存在体现了"运动员适应比赛,创造优异成绩"的一种综合能力的整体表现,那么是可以理解的,但若还将"形成、保持、消失"作为其主要内涵,让其承载概念以外太多的东西,则需要进行商榷。

（三）关于"超量恢复"理论的思考

"超量恢复"理论也是马特维也夫提出的,严格地说,当时这一理论也是基于大量运动实践提出的,并没有经过完备的科学论证,因此它也如"周期训练"理论那样引发了一定的争议。

目前,运动训练学对"超量恢复"的解释主要如下:第一,两次训练间歇时间太长,在超量恢复后进行下一次训练,人体机能水平得不到提高。第二,两次训练的间歇时间太短，未能超过恢复阶段就进行下一次训练，人体机能水平不断下降。第三，两次训练间歇时间适宜，在超量恢复阶段进行下一次训练，人体机能水平不断提高。对于第二种情况，新的研究表明每次重复工作，若在不完全恢复期进行，这种负荷会引起机体机能明显的变化。若在数次重复以后，再给予较长休息期，其超量恢复将更为明显，负荷工作与休息期的良性效果也将较高。可见，"超量恢复"理论在新的时期应该有新的发展。

（四）关于"木桶理论"的思考

"木桶理论"最初的提出是指某一事物的发展和成效取决于全部因素中最为不利的因素。这一形象化的比喻将人们的思路所迷惑。首先，人们注意到水从最短处流出，就被诱导认为训练本身也如此。但人们显然忘了，运动训练要求的是综合效应，绝不是各要素的简单叠加。所以，成绩的提高或取得，需要一定的基本素质，但绝不是"均衡"全面发展。其次，"木桶理论"展示的是一个立体的形象，但对它进行解释时，却只是在二维的体系中进行阐述。运动训练是一个多角度、多方位的多维体系，木板只是一个方面，桶底、盛水的多少都是要考虑的问题。最后，运动训练包含的要素很多，但在组成木桶时不是每一块木板都需要，只需要挑选必需的来做木桶，最短的板子可以被放弃，从而避免了水从最短处流出的可能性。

（五）关于运动训练学结构体系重新构建的思考

在运动训练学的发展过程中，内容体系在很大程度上得到了拓展和充实，但结构体系却没有发生太大的改变，各部分依然处于相对孤立的状态，这对运动训练学的科学发展起到了阻碍作用。

首先，应打破原有结构体系中各部分相对独立的局面，按训练学规律将它们有机联系起来。这就需要始终沿一条主线，各部分均围绕这条主线展开并有机相连，最终完成既定的训练目标。训练的各部分被分时间段设定在主线两侧，并完成既定的任务和目标，同时通过宏观和微观的管理、调控，在遵循训练总原则的前提下，最终完成比赛目标。

其次，在对结构进行调整时，应该摒弃过去各自为政的编排方式，重视相关学科的介入，比如训练方式、方法、手段、体能、技战术都是分开阐述的，这在运动训练学初创时是有必要的，但随着训练理念的加强，训练的不断发展变化，这种方式对于指导运动训练实践是十分不利的，在实际教学中，学生也很难将理论与实践结合起来。同时，相关学科的内容介入太少，比如，耐力素质的训练与生理、生化的结合是非常紧密的，但在体系结构中很难看到这方面的内容。

最后，体系结构的改变还要与内容体系相依托，改变过去以体能类项目为主体进行研究或阐述的局面。既然是一般训练学，应能反映并体现出大部分竞技项目的规律性问题。

当然，体系结构的改变可能比新理论、新理念的引入更复杂，这需要各学科的专家、学者长期不懈地努力。

第二节　运动训练的理论

自 20 世纪 80 年代田麦久等人创立项群训练理论至今已逾 30 年。竞技运动项目的多层多维排列，使人们更清晰地了解与认识到不同竞技项目之间的内在联系和外部特征。对不同项群训练学机制的揭示，加强了人们对不同层次的项群及专项特征的深入认识。对不同项群训练内容与方法的设计，为运动训练实践拓宽了空间。项群训练理论体现的朴素思想与方法，极大地开阔运动训练学理论研究和竞技体育学理论研究的视野。诚然，项群训练理论也需要不断发展与完善。本节拟从学科建构和多学科研究的视角，对项群训练理论的发展提出三点思考。

一、加深对项群训练理论学理与学术价值的认识

项群训练理论是运动训练学理论的重要组成部分。作为运动训练三个层次理论的桥梁，在专项训练理论和一般训练理论研究中，发挥了重要的理论视角、理念方法创新的学理价值和学术价值。

（一）项群训练理论的科学原理

30多年来，项群训练理论创立者及其团队通过对运动项目的分类标准、项目体系、项目特征的探索，建立了该理论基本的概念体系和方法体系，并以运动训练为指向，揭示了各项群间多个项目的内在联系和项群与单项的关系，凝练出同一项群的共性特征。这一理论涉及各层次项群训练理念、方法、内容和设计组织的思考和应对，从另一个角度回答了运动训练"为何练、练什么、练多少、怎么练"的基本问题，与专项运动训练理论一起成为运动训练学理论的基石。

项群训练理论的形成是人们采用哲学、体育学的原理和方法认识各运动项目的本质特征，进而认识多个运动项目之间一般特征及其相互关系，最终提炼出一类具有相同性质竞技项目的训练学特点，为单个项目或多个项目的训练过程提供了方法学支撑。

（二）项群训练理论构架及其逻辑关系

为什么要对运动项目进行分类？因为进行运动项目分类可以使人们更深刻地认识不同运动项目的本质属性和内在联系，便于在相应的层次上进行专门的研究，有利于同类项目之间运动素质和运动技术的积极转移，以及训练方法的相互渗透、相互移植。

但是，由于前人的分类没有完全遵守"同一标准原则、层级分明原则、子项不相容原则、子项之和等于母项原则"，存在许多纰漏，所以之后建立了一套全新的运动项目分类体系。这一分类体系包括分类标准、大类与亚类的确立。分类标准选取三项，在这三项标准下，各分类之间存在一定的关系。

为什么选取竞技能力主导因素、运动项目动作结构和运动成绩评定方法作为主要的分类标准呢？这是因为按决定竞技能力主导因素分类，可以反映各运动项目对人体竞技能力的不同要求，便于对运动训练活动进行更准确的分析与控制；按运动项目动作结构分类，可以反映项目运动形式的特点，对运动项目技术动作分析和技术训练有很高的实用价值；按运动成绩评定方法分类，可以反映不同项目运动成绩结构的特点，对训练实践和成绩提高均有

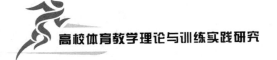

实际指导意义。

项群训练理论的边界通过概念体系和内容体系来确定，也就是建立理论的意义与科学基础、理论的构思与命名、理论体系的构成等，以及该项群的构成与发展、该项群运动员竞技能力决定因素的系统分析、该项群运动员比赛成绩决定因素的系统分析、该项群的训练特点等板块的内容。

项群训练理论的研究者以竞技能力发展及其特征、运动训练方法手段创新、运动负荷设计及其控制、运动训练过程组织与监控等训练问题为研究内容，对竞技体育制胜规律、运动竞赛环境、运动员选材、竞技体育发展战略与运动项目布局、竞技体育实力分析与重大比赛成绩水平预测等参赛学、选材学和战略学问题进行了卓有成效的研究，极大推进了运动训练学理论和竞技体育学理论的发展。项群训练理论创立者的视角与视野、思想与方法，对体育学的学科发展、理论创新具有重要的启示与推动作用。

二、基于学科建构的项群训练理论发展

项群训练理论走过了 30 多年的历程，随着人们认识客观事物的水平和方法的不断提升，认识项群训练理论的视角也在更新。对有关热点和重点进行梳理，不仅是理论自身发展的需要，也是一门学科发展的需要。

（一）加强核心概念的系统化梳理

准确的核心概念及其科学定义是任何理论形构的逻辑起点，也是对其边界和范畴的勾勒。项群、项群划分标准、项群分类体系、项群训练是项群训练理论的核心概念，准确、科学地界定这些概念，以及由其形成的诸如各项群大类、亚类的概念体系，可以明确边界和内容，梳理其内在关系与范围，是项群训练理论形成与发展的逻辑起点。以下四个问题值得进一步明确和探讨。

（1）核心概念及其相互关系。"项群"已经有了十分准确与科学的定义：一组具有相似竞技特征及训练要求的竞技项目。项群训练理论则是揭示不同项群竞技规律与训练规律的理论，但目前没有"项群训练"的明确界定。因为有"运动训练"这一上位概念，所以就有了"田径运动训练"（简称"田

径训练"）或者"篮球运动训练"（简称"篮球训练"）等。那么，项群训练与运动训练的边界如何划定，其是否交叉或是重叠？

（2）项目的竞技特点是什么？是竞技能力、训练方法手段、竞技负荷、训练组织实施等问题吗？这些都值得进一步确定。陈亮等提出，不同竞技运动项目在竞赛规则的指导与约束下，形成了独特的竞技特点，同时又表现出明显的集束性特征，但仍需要处理好运动项目与运动员、竞技能力、规则、竞赛等方面的关系。

（3）"运动项目的动作结构"没有区分项目和人的属性。动作结构是两个及两个以上的动作按照一定顺序组合，并形成一定相互关系的动作系统，是完成某一运动目标的身体姿态与方法，具有运动学、动力学的意义，并且指向动作技术、技能。运动项目则是特定的运动形态、运动方式和场地规则的集合。尽管动作结构有运动项目的规定性，但以动作结构来划分运动项目不能等同于运动项目本身。从"运动项目的动作结构"命名的逻辑看，缺少了"人"的意蕴。

（4）构成要素能否成为主导因素。体能、技能、战术能力、运动智能、心理能力是竞技能力的构成要素，这五个要素的独立性和相互关系共同构成了竞技能力结构。作为结构要素，能否成为竞技能力主导因素不仅取决于这一要素和竞技能力整体的关系，还取决于这些要素与运动项目、比赛方式、规则的关系。理论上，构成要素与决定（主导）因素既有联系，又有区别。任何竞技能力的发展和表现都离不开这五个要素，但影响和决定竞技能力发展和表现的则不仅仅是这五个要素，还有竞技信息、竞赛环境、竞技风险等诸多因素。

（二）推进分类标准多元化与分类体系的扩展

项群分类主要采用竞技能力主导因素、运动项目动作结构、运动成绩评定方法标准。竞技能力主导因素构成了"四九"项群分类体系，运动项目动作结构构成了"三七"项群分类体系，运动成绩评定方法则是"五全"项群分类体系。

目前，被大多数人认同并广泛使用的是竞技能力主导因素分类体系。该项群体系将以奥运会赛事为主的众多竞技运动项目分为体能主导、技能主导、技心能主导和技战能主导的四大项群。

现有的"三标准"分类体系，已经包含了绝大多数主要的竞技运动项目，但并未概全，一些非奥运会项目还有待去分类、归位。虽然已有程勇民、李宗浩、聂臣高等先后进行过有益的分类尝试，但仍未涵盖所有运动项目。

（三）加强对同一项群的本质把握和体系建构

项群训练理论建构的逻辑起点是运动项目的本质属性及其相互关系，进一步揭示竞技项目的本质属性应是未来项群训练理论研究的核心。纵观已有的关于各亚群的本质及其特征的研究，对各亚群的本质特征、训练特征、负荷特征的概括都还只是单项本质特征的罗列，还需进一步提炼才能上升到项群层面。而从哪几个维度或内容研究项群特征，值得进一步思考。

由于运动训练科学关注和研究的对象是运动员竞技能力发展，而运动项目（或竞技项目）是运动员竞技能力发展与表达的唯一载体，所以认识与掌握运动项目特征成为运动员竞技能力发展的阶梯。在论及各项群特征时，多数学者采用竞技能力主导因素的分类体系研究，所以其特征概括一般采用的是对体能、技能、战术能力、运动智能、心理能力特征的分述，由其作为某一项群运动员的竞技能力特征。显然，运动员的竞技能力特征还不能完全代表运动项目特征。从比赛、运动成绩、运动员年龄等要素探讨项群竞技特征应有一定的空间，因为只有真正把握运动项目的本质属性，方可厘清不同运动项目或不同项群特征，也只有厘清不同运动项目或不同项群特征，方可实现运动员竞技能力专项性、专门化与个性化发展。

（四）促进亚群训练理论的完整性与应用性

目前，关于各个项群的项目构成、竞技特点或特征、训练设计与安排特点的研究，已有诸多单项训练研究成果。在当前的项群训练理论体系中，要想实现理论的完整性、丰富性、多样性，还需考虑竞技项目数量增加及其代表性，并且对各亚群的项群特征高度概括，与单项训练理论保持一定的边界。

目前，竞技能力主导因素所构成的项群系统为大家一致认同，并进行了卓有成效的研究，但该主导因素下，对项群的多样性也产生了一定的制约，因为竞技能力从根本上来说是运动员的主观才能，运动项目和项目群的形成与丰富首先取决于其运动形态、方式，而运动形态、方式又与比赛方式、场地器材、竞技规则息息相关，所以拓展现有的项群体系，需对竞技能力主导因素进行更准确的界定，同时将比赛方式、场地器材、规则组织等作为要素加以思考，提出项群划分的标准或参照标准。只有全面考虑运动项目与运动员及其竞技能力、比赛方式、规则组织、场地器材等要素，才可深入揭示不同亚群的训练特征。

三、多学科理论引领下的项群训练理论发展

（一）基于新理论、新技术、新方法的项群训练研究

2018年1月，中华人民共和国国务院发布的《国务院关于全面加强基础科学研究的若干意见》指出："当前，新一轮科技革命和产业变革蓬勃兴起，科学探索加速演进，学科交叉融合更加紧密，一些基本科学问题孕育重大突破。世界主要发达国家普遍强化基础研究战略部署，全球科技竞争不断向基础研究前移。"项群训练理论作为体育学领域的基础学科理论，应引起更多人的关注。

项群训练理论属于体育学理论范畴，而体育学又是一个集生物学、教育学、心理学、社会学、文化学、管理学等于一体的综合性应用学科。如何既能保持项群训练理论固有的理论特色，又能并蓄其他学科，更好地发挥本理论的话语权，也是未来项群训练理论研究和发展的思路之一。及时采用新理论、新技术、新方法研究项群训练理论，还有助于形成多样的研究团体、团队和流派，促进体育学、竞技体育学的学科丰富性和多样性。

（二）基于竞技规则与场地器材变更的项群训练研究

在竞技体育语境中，竞技者（运动员、教练员）的训练与参赛活动和竞技场地、规则、项目等紧密联系，共同构成了竞技体育的主客体关系。在这些要素中，各个项目的竞技规则变化的内容最大、频率最高，因此分析与揭

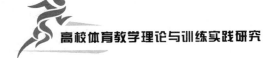

示规则变化下某一项群和不同项群的运动员、教练员在竞技能力发展与表现上的变化规律，将竞技规则作为一个重要的自变量，考察不同项群的训练实践活动，将更具有现实意义。

（三）运动员、教练员、管理者及观众的项群特征研究

随着教练员理论的发展，教练员执教研究得到了长足的发展。显然，在中国竞技体育发展中，特别是在一些落后项目和潜优势项目的发展中，遇到的瓶颈之一就是教练员的执教能力和水平不足的问题。随着职业化浪潮席卷中国竞技体育，一些具有经济性、观赏性的运动项目成为政府、社会、大众关注的焦点，其未来发展甚至可能会成为国际战略。这一使命也必将促进项群训练理论研究范畴的进一步拓展。

运动员发展与获得竞技能力的决定因素和影响因素是多维的、复杂的，运动训练过程的主体与内容不仅与运动员有关，也与教练员、管理者、观众、媒体等诸多群体相关。项群训练理论研究应加强运动员、教练员与竞技能力、竞技项目之间应然关系的探讨，更多地关注竞技运动主体、客体及其相互关系的研究。

（四）项群训练理论在竞技参赛领域的延伸与应用

训练为比赛的理念也给项群训练理论未来在竞赛和参赛领域的研究提供了支持。不同项群的训练学特征与训练学方法已经得到如前述的大量研究，但不同项群的运动员、教练员竞技参赛的机制与特征研究，完成项群参赛理论构建，与项群训练理论共同完成竞技体育理论的匹配与完善，应是项群训练理论的一个重要研究领域。

（五）项群训练理论的国际推介

作为中国竞技体育学理论，乃至体育学理论体系中最具中国特色的应用理论之一，项群训练学一经提出，就被国际竞技体育学界所关注。无论是中国竞技体育学理论的推介，还是中国竞技体育文化的传播，如何将项群训练理论进行更好的国际推介是今后的一项重要工作。具体途径与方法有邀请有关学者系统地翻译项群训练理论文献、举办国际性学术会议等。

在过去 30 多年里，以竞技能力、动作结构和成绩评定方法为分类标准的项群训练体系，主要包括各项群的形成与发展、竞技能力决定因素、运动成绩决定因素和各项群负荷内容，以及以训练组织控制为主线，以不同项群竞技能力特征与发展方法、不同项群制胜规律探索、项群训练理论在竞技体育发展中的应用、项群训练理论融合应用于体育教学、体育管理、人才培养研究与实践等为支线，全面架构了具有中国特色的训练学理论体系。这一理论体系只有通过不断实践摸索和进一步丰富发展，才能显示其长久的生命力和影响力。新时期如何维护与发展中国本土化的竞技体育理论，也是项群训练理论研究者的使命。

第三节　运动训练的原则

运动训练原则产生于专业的运动训练，主要是为了对训练活动进行有效的规范指导，内容包含训练的程序、内容、效果标准、注意问题等。训练原则的制定是建立在科学的竞技能力训练上的，通过找出训练活动中的一些客观规律，从而设定一些具有普遍性意义的规则。从运动训练原则产生至今，社会生活不断变化，运动员的综合素质也在不断增长，加上长期进行训练活动，不断积累更多的经验，训练原则也在随之发生变化。在我国竞技体育发展的不同时期，根据人们对运动训练规律和训练工作要求的不同认识，训练中也在遵循着不同的原则，如"三从一大"原则、一般训练与专项训练原则、竞技需要原则、导向激励与健康保障训练原则、适宜负荷与适时恢复训练原则等。这些原则并非独立存在，而是相互作用形成一个原则体系。

一、运动训练原则的形成过程

（一）运动训练原则的萌芽产生

运动训练原则与运动竞技息息相关，真正意义上的运动训练应当追溯到古希腊奥林匹克运动会时期，即公元前 8 世纪开始有了针对运动竞技的训练，但是这之后很长一段时期都并没有形成完整的运动训练原则体系。公元 14 世纪，意大利文艺复兴时期的贝特·鲍尔·维尔杰里乌斯提出了以"个人特点"选取活动项目的观点，认为训练中需要循序渐进、劳逸结合，属于运动训练的发展论调，可以算作运动训练原则的早期萌芽代表之一。19 世纪后，现代运动竞技逐渐成熟，开始形成了教练员对运动员的专门集中训练，主要适用长期连续反复的练习方式，在内容设计和活动组织方面不够严密，所取得的训练效果相对较低。20 世纪二三十年代，出现了"辅助训练""螺旋训练模式"，逐渐开启了对训练原则的专门研究，并就与运动训练相关的生理、心理等其他问题进行了剖析，运动训练原则逐渐由原始萌芽阶段走向起步发展阶段。

（二）运动训练原则的初期发展

1957 年，德国学者哈雷及其同伴编写了《一般训练和竞赛学导论》，将运动训练的规律与实践作为专门的研究对象，形成一套相对独立完整的理论体系。几乎同时期，苏联的凯科舍夫也提出了关于运动训练的三大原则。随着运动训练理论在实践活动中的深入运用及相关人员的综合研究，20 世纪 60 年代，"训练周期"理论问世，之后哈雷的《运动训练学》一书对渐进增加负荷、负荷分期、直观性、周期安排等内容进行了较为系统的阐述。1977 年，马丁和苏联的马特维也夫分别著成出版了《训练学基础》和《运动训练原则》，运动训练原则由实践正式迈入了总结理论、科学发展的阶段。在这一阶段，我国也大量引进了外国研究成果，如田麦久等翻译的《运动训练学》等一系列译文，开启了我国运动训练原则的新篇章。

（三）运动训练原则的完善与成熟

自 20 世纪 80 年代，运动训练原则步入了深入研究、探讨、完善发展阶段，对"训练周期"理论持续探讨，并以此为基础进一步发展和完善了该理论体系。1987 年，乌克兰普拉托诺夫的著作《竞技运动理论》深入提出了训练原则的一些观点，认为应当同时注意训练的周期性、方案性和专项性，依靠客观规律完成训练，确保训练效果。1988 年和 1991 年，美国先后出版了《训练理论》和《高强度田径训练》两本著作，将训练理论专用于田径训练中，尤其在《高强度田径训练》一书中，分析了 20 世纪 90 年代运动训练的一些基础性问题，并从膳食营养、劳逸结合、专项训练、循序渐进、计划制订、因人而异等方面系统研究了运动训练的 12 条原则。至此，运动训练原则步入了开放的发展阶段。不同国家地区的学者结合自身的实际情况，对运动训练原则进行了研究和实践，着重以训练课题、训练对象为出发点，思考如何整合影响训练效果的一系列因素，试图发现一套真正完整、科学、有效的原则体系。

二、运动训练中训练原则的体系

运动训练原则体系主要分为指导原则和操作原则。指导原则是指在训练活动中占据指导、规范地位的一些原则内容，并没有涉及实践层次的内容，界定了运动训练最为基本的方向和目的，并以此为训练实践的基本框架。操作原则则是指在具体训练实践过程中，需要根据运动员、场地、项目等综合因素，考虑采取何种办法进行训练，以提高训练的效果，达成相应的训练指标。

（一）运动训练的指导原则

1. 育人原则

育人在体育竞技训练中属于核心问题，是训练的最终目标。在育人原则下，要求以运动员为核心对象，通过各种实际的训练项目，让运动员获得本质提升。综合来看，育人讲究的是怎样将运动员培养成合格的人才，对其精神思想、道德情操、理论技巧等进行综合培养。

（1）爱国与团队。运动是个人身体机能与脑部配合展现出来的活动形式，但是在体育赛事中，个人能力的强弱并不一定是制胜和获得好评的关键。运动员是国家和民族风采的表率，理应具有高尚的爱国情怀和民族情操，同时每一次比赛取得的成绩都是队友、教练等一系列人员辛勤配合的结果。因此，运动员需要懂得感恩，懂得与团队配合，融洽相处。

（2）道德操守。竞技有竞技的礼仪，体育赛事应当发扬奥林匹克运动精神，友谊第一，无论是在场上还是在场下，运动员都应该对裁判、对手、

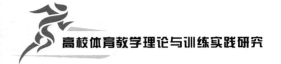

队友保持应有的尊重，这不仅是体育精神的表现，也是做人最为基本的原则。

（3）个人状态。运动员是全民在体育场上的代表，是身体素质过硬的标杆，应当拥有健康、强劲的身体，同时在面对各种挑战、挫折时还需要有极强的耐心、恒心和自信心，因此需要注重对运动员的心理进行培养。

2. 夺冠原则

在竞技运动方面，夺冠是其区别于其他运动的特有标志，树立夺冠的目标才是合格的运动竞技。运动员是否能够夺冠，或者是否拥有能力并始终向着夺冠努力，是检验运动员是否称职的标准。可以说，夺冠是运动训练最为浅显的目标，也是最为基本的目标，以夺冠为目的进行的训练，是运动员不断超越自我的一个过程，是向世界体育致敬的表现。奥林匹克运动会有一句格言："更快、更高、更强。"夺冠的过程就是赶超对手、赶超从前、不断进步的过程。运动员应当有一个顽强拼搏的心和永不服输的气节，尽最大可能运用所掌握的技能正面击败对手。在夺冠原则下，运动训练应集中对运动员的个人能力进行强化。

（二）运动训练的操作原则

操作原则是运动训练中必须遵守的准则，关系到训练实践具体方案的制定和指标的制定，其内容涉及身体、技能、战术、智力、心理、意志等方面的内容，如超量恢复、竞技状态变化、运动竞赛的制约及反制约、训练适应规律等。除了要寻找运动训练的共性规律，还要特别根据运动员的情况找出特殊规律，用以针对性地训练运动员的某些能力。训练计划的制订尤其应当讲究一定的阶段性，即能够分层次完成训练计划，使运动员的综合素质扎实而缓慢地上升，达到稳定、坚固的效果。例如，按照运动员的年龄情况，对不同年龄范围的运动设计对应的任务和目标，设计的内容需要与运动员动态成长的水平相匹配。除此以外，可以以不同的项目对运动员各方面能力的不同要求为标准，设定训练目标和过程，如按照力量训练、体能训练、速度训练、对抗训练等不同的主题，对运动员形成强化练习，此种练习一般为常规练习。考虑到运动员特长和能力短板等问题，需要进行专项训练，因而还有专项训练或特殊训练原则，一般考虑两种情况：一是针对运动员自身的特点开展专门的训练，以直接提高竞技成绩为目的；二是总结历次竞技比赛的成功经验，重新总结取得好成绩的关键，如"以速度为中心"的背越式跳高训练、"中长跑是高速度的耐力性项目"规律，以实践为基础完善训练计划。

第四节　运动训练的方法

现代运动训练的发展与训练方法是紧密联系的。在运动训练过程中，使用的训练方法各种各样，各有其特点和作用，但任何一种方法都不能全面地解决训练过程中所碰到的各种各样的问题，往往要根据训练任务的不同和运动员水平的不同，以及训练场地和设备条件，灵活地、创造性地加以选择和运用。特别是当今世界上的竞技体育强国，在培养运动员和实施科学化训练的各方面条件日趋接近的情况下，训练的成效在很大程度上取决于训练方法的优劣和运用程序的正确与否，以及是否有新的、更有效的方法或进一步出现多种多样的训练方法。教练员不但应掌握已有的训练方法，深知其特点和作用，学会根据具体情况，正确地选择，灵活地运用，解决所存在的主要问题，而且要不断总结运动训练方法运用的实践经验，创造新的、更为有效的训练方法，以达到事半功倍的效果。

一、运动训练方法的概念

"方法"是指研究和认识客观事物的途径，也指达成预定的目标所采用的办法。运动训练过程要完成身体、技术、战术、心理等各方面的任务，从而达到提高专项运动成绩的目的，这就要采用各种具体的途径和方法。运动员训练水平的提高、各阶段训练任务的完成，以及创造专项运动最高成绩的目的的达成，无不依赖于训练方法的正确运用和创新。训练科学化的一个重要体现，就在于运用科学的训练方法，挖掘运动员最大的竞技潜力，使其更快、更准确、更熟练地掌握专项技术、战术，高度发展各器官系统的机能和

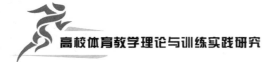

运动素质，有针对性地解决训练过程中发生的各种问题。

二、运动训练方法的基本分类

运动训练方法多种多样，在训练理论和实践中将常用的方法分为三类，即语言法、直观法和练习法，每类又包括不同的具体方法。

（1）语言法：讲解、口令、指示、讲评。

（2）直观法：示范、图表、幻灯演示、电影、录像等。

（3）练习法：分解、完整、持续、重复、间歇、变换、游戏、比赛等。

三类方法中的各种具体方法，在训练过程中一般可适用于身体、技术、战术等训练，如为使运动员掌握某一项技术，既要运用语言法中的讲解法，又要运用直观法中的示范法，还要运用练习法中的重复法，才能使运动员更准确地掌握技术。但这些具体方法的运用都有其重点，例如：讲解法、示范法和分解法重点用于技术运用训练的初期，使运动员形成技术动作的正确概念，理解动作要领，初步练习分解了的动作；持续法、重复法、间歇法在技术训练中重点用于进一步巩固已掌握的动作。在身体训练中，为提高运动员的机能，发展运动素质，这几种方法也会得到重点运用。

三、运动训练的五种方法

训练方法多种多样，下面主要对分解训练法、持续训练法、重复训练法、模拟训练法，以及游戏、比赛训练法进行阐述。

（一）分解训练法

分解训练法是指把一个完整的技术动作分解成几个技术环节，使运动员更方便地掌握较复杂的技术动作。它的特点是简单、易学，适用于初学者和开始阶段。对于少年儿童来说，他们很难一下子掌握一项技术环节较复杂的动作，因此把动作分成几个步骤，一个环节一个环节地学，最后把几个分解的动作组合起来，对少年儿童来说比较容易接受。例如，网球技术中的发球就是一项比较复杂的技术动作，所以在刚开始进行教学时，可以把动作分成四个步骤：①拉拍，同时抛球；②拍子下垂，后脚前跟；③击球，转肩、转腰；

④收拍。由于儿童一次只能接收一个简单的信号，因此可以让他们一个步骤一个步骤反复练习，等到熟练后再把动作组合起来，效果明显，而且不易出现问题。

（二）持续训练法

持续训练法是指在相对较长的时间里，用较稳定的强度无间歇地连续进行练习的方法。它的特点在于练习时间较长，一次练习的量较大，但强度相对较稳定，因此用这种方法进行练习，对刺激有机体产生的影响比较缓和，有利于心血管和呼吸系统机能的稳步提高。它获得的训练效应出现得较慢，但较稳定，消退也比较慢。在网球训练过程中，持续训练法通常用于多球训练，有助于掌握、巩固和提高技术，但在练习中，还要注意量和强度的搭配。例如：如果是要提升运动员在场上奔跑击球的能力，以强度为主，那么练习的时间就不宜太长，组数不宜太多；相反，如果是要提高运动员场上定点击球的稳定性，那么强度就不宜太大，而组数、时间则可以增加。控制好量与强度应从训练所要达到的目的考虑，如在网球训练中，量和强度的增减应以运动员能否在训练中保持正确的击球动作为准，如果运动员在击球时技术动作走形，那就要考虑减少训练量并降低强度了，更要密切注意运动员的反应，及时制止变形的动作。

（三）重复训练法

重复训练法是指在相对固定的条件下，按一定的要求，反复进行某一项目的练习，而每组之间的间歇要使机体基本恢复的一种方法。它是身体、技术、战术训练常用的基本方法。重复练习技术动作可不断强化刺激的痕迹，有利于巩固动作定型和熟练使用技术，是技术、战术训练中最常用的办法，也是运动员掌握技术动作最重要的方法之一。例如，在场上进行全场跑动击球，不但要严格规定技术动作，而且要提高奔跑中击球的组数与个数，这样才能使技术熟练、准确，提高在比赛中的实用价值，而且由于重复练习，疲劳加深，运动员需要克服体力大量消耗的影响，有利于培养运动员的意志品质。

在进行重复练习时，教练员要及时给予指导，不断改进技术，提高要求，纠正错误的动作，使运动员不会在错误的动作上越偏越远。另外，重复练习同一个动作或项目会使运动员产生枯燥乏味的情绪，降低练习的积极性，所以在练习中，除了要使运动员明确训练的目的和作用，还要结合游戏等手段来提升运动员的兴趣，达到训练目的。

（四）模拟训练法

模拟训练法主要是为运动员参加比赛做好适应性准备，也就是使运动员逐步对容易引起精神紧张和动作失调的各种刺激产生适应，从而提升在比赛中的抗干扰能力。模拟训练通常有两种方法：第一种是现实模拟，即运动员在比赛形式、比赛对手、比赛时间安排，以及气候情况、场地器材设备等各种因素都与正式比赛相似的情况下进行训练。第二种是通过录像、电影、图片、录音、语言等手段进行模拟训练，适当增加运动员的心理压力，相对来说，也就是减轻了比赛时的心理压力。安排模拟训练时应一切按照比赛程序进行，如准备活动时间，变换场地、方向，模拟赛场，并组织安排观众、裁判，制造与比赛相似的气氛。通过模拟训练可以在赛前及时发现运动员身体素质、技术水平和心理状态等各方面的问题，从而可以及时进行改进和弥补，这对运动员在正式比赛时发挥出应有的技术水平是很有益处的。

（五）游戏、比赛训练法

游戏、比赛训练法是指以游戏和比赛的方式进行训练的方法。它的内容多种多样，既可用于身体训练，也可用于技术、战术训练，还可作为恢复手段，如在训练前进行一些小游戏，既可热身，又可快速兴奋。在技术训练中，可以将所学的技术作为比赛内容，并制定胜负的标准，以比赛的方式进行练习，既可提高运动员的兴趣，又可锻炼运动员的技术与心理，可谓一举两得。在训练课结束时也可安排一些游戏，如踢足球、打篮球，不仅可以练习场上的步法和耐力，也能产生消除疲劳的积极效果。由于游戏和比赛所具有的特点和作用，它可以广泛地运用于不同的对象、不同的训练阶段、不同的训练内容，尤其是少年儿童，根据他们好动的特性，在训练中采取游戏、比赛训练法，能更好地达到训练目的。

　　当今训练方法的运用，是随着现代训练的发展而不断进行创新和变化的，每一次训练方法的更新，都将带来训练效果和运动成绩的提高。因此，掌握一些基本和必要的训练方法，不仅有利于教练员和运动员提高运动训练的效率，而且也可促使教练员和运动员去创造更多、更好的训练方法，提高训练质量，促进运动水平的提高。

第三章　高校体育教学内容体系

第一节　高校体育教学内容体系概述

随着我国教育事业的逐年发展，各大高校也新增了很多不同的专业，针对不同专业的不同特点和培养目标，对不同人才也有着不同的身体素质要求。面对这种多样化的需求，体育教师必须针对不同年龄及特点的学生进行体育锻炼的安排，使学生在体育课堂中有所收获，使体育课程在培养人才方面更好地发挥作用。在当今高校中，要想推广素质教育改革，就要树立崭新的教育思想观念，建立适应教学内容的优化体系。

一、体育教学内容及体系的概述

（一）体育教学内容概述

体育教学内容分为广义和狭义两个方面。广义的体育教学内容包括教养、教育和发展三个方面。其中，教养侧重对学生的知识传授方面，教育侧重对学生的德育教育方面，即学生的个人道德修养等，发展则侧重学生由内而外的自我价值实现方面。这三个方面综合起来构成了广义的体育教学内容。狭义的体育教学内容主要是指教师针对学生的不同特点进行课程的选择，即教师在已定的教学大环境和学生专业发展需求背景下，以体育教材为基础，进行体育课程的选择和传授。体育教学内容广义和狭义概念要求教师对学生的内在心理状态和外在个人生理发展一同进行引导与技能的传授。

（二）体育教学体系概述

体育教学体系包括学生、教师、教学内容与教学环境四个部分。在这四个部分中，学生、教师与教学环境稳定性较强，而教学内容则相对具有灵活性和不稳定性。教学内容是教师根据学生需要、自身能力和教学环境所指定的课堂内容和教学手段。从教学目标来说，根据学生需求所制定的教学目标，只要有益于学生自身未来发展，并能够达到教学目的的手段，都能为教师提供诸多的教学方法和条件。体育教学是在校学生重要的活动形式之一，在增强学生体质的同时，陶冶了学生的情操，磨炼了学生的意志。当今社会，学生在学习的同时承受着巨大的生活压力，体育锻炼能够增强学生心理和生理的承受能力，促进学生身心健康发展。因此，体育教师在制定教学目标、课堂选题与教学方面需要多费心思。

二、当前我国高校体育教学中内容体系存在的问题

（一）竞争性较强

当今社会是一个竞争型社会，大家无时无刻不处在竞争之中，也正是这种竞争给学生带来了压力与动力。但在体育课堂中，很多时候学生需要学会的不仅仅是竞争，更重要的是要从对手身上学习到自己不具备的东西。如今，很多学校挑选的体育课堂项目竞争性太强，即使是武术等传统养生项目也被拿来进行比赛和竞争，这样虽然在一定程度上能够激发部分学生练习的动力，但大部分学生可能因此产生退缩的想法。这样的传授方法是以衡量分数的高低作为教学目的而进行的，并不是以传授学生强身健体的体育知识为教学目的，更有可能引起学生之间的误会与矛盾。因此，在制定教学目标和方法的时候，要从实际情况出发，让学生在学习的过程中多一些参与，少一些无序竞争，从整体上提升学生对体育课堂的兴趣，使学生养成锻炼身体的良好习惯。

（二）体育课堂教学内容比较狭隘

虽然当今社会对体育越来越重视，但是体育课堂所关注的教学内容还仅仅停留在单一的理论、技能和比赛等专业方面，加之针对体育课堂教学内容所进行的考核方式比较单一，这也就使体育课堂教学内容在面对学生时会突显其针对考核的单一性，因此内容比较狭隘，不容易激发学生的学习自主性和学习兴趣。

（三）体育教学方式比较单一

目前，我国体育课堂中引进的课堂项目大多来自竞技体育，教师在教授动作时主要依靠讲解与示范，体育教学方式比较单一，在一定程度上与时代

发展有些衔接不当，导致学生对于体育项目的兴趣不足。

总之，当今社会中的体育教学内容体系和理论教材中存在着浓厚的竞技色彩和一些落后观念，因此体育教学内容也大多是竞技体育的照搬。要想进行体育教学内容体系的优化与完善，就必须进行改革。目前，我国体育教学内容和课程体系的改革已经成为重中之重，这是由时代的进步性和先进性所决定的。因此，要想从根本上改变这种落后的教育思想观念，就应该大力推进素质教育，树立崭新的教育观，建立起一个适应时代的体育教学内容体系。

三、高校体育教学内容结构的优化措施

（一）体育教学内容结构主观目的性的改进

现在的高校体育教学内容结构应该融入更多的主观目的性，只有在客观的需求完全吻合主观目的时建立起来的体育教学内容结构才是稳定、合理的。应从两个层面理解体育教学内容结构的目的性。第一，基于学生在不同的学习阶段对教学内容的需求不同的现象，体育教学内容结构要对应不同的阶段，所以在确定教学内容结构时要综合阶段需求，并且要认真地选择、合理地组合。第二，体育教学内容的结构要遵循学生的基本认知和接受规律，帮助学生形成合理的认知结构、技术技能结构、能力结构、体育方法结构。举例来说，起步阶段，体育教学的目标应该集中在提高学生学习体育项目的兴趣，做基本的身体运动，培养学生的自信心上，此阶段应该采用活动性游戏来学习简单的基础知识。在简单了解了所学课程的基本知识并养成一定的兴趣后，教学内容结构应该有所变化。这样，主观目的的不断调整就会为实现体育教学目标提供更好的支撑。

（二）体育教学内容结构关联性的改进

众所周知，体育知识和运动技能是极其丰富的。因此，体育教学内容结构的关联性主要表现为课程上所学的知识能够有效扩充学生的知识范围，为学生进一步的学习和发展打下良好的基础，包括良好的运动技术技能基础、良好的能力结构等。体育教学内容结构关联性包括两个层次。第一个层次是

横向广泛性，一方面要涉及保健、营养、卫生、锻炼原理、竞赛规则等简单的基本知识，另一方面要涉及能够促进身体发展的各种运动技术技能和练习方法，这些对于学生形成良好的体育态度有重要的意义。第二个层次是纵向复合性，依据教学的基本规律，对一个内容的学习要逐渐深化，也就是要有纵向的发展。高校的体育教学目标是多元复合的，这就需要这两个层次有机融合，利用体育教学内容结构关联性为学生带来创造性发展的机会和实力。

（三）体育教学内容结构包容性的改进

高校体育教学内容结构需要包容性。包容性是指体育教学内容结构的相互渗透、融会贯通，让整个教学的内容体系相互联系，形成一个完善的网状知识结构，产生"1+1 > 2"的效果。这种教学内容结构的纵向、横向关联渗透的效果需要教学内容的包容。体育教学内容结构的包容性会为教学内容的选择带来更大的空间，也会使体育知识技能拥有更大的综合性。

（四）体育教学内容结构动态性的改进

随着人类对体育教育科学的不断研究和探索，相关的新知识也会不断产生，体育运动的丰富性也会不断增加，这都为体育教学内容结构提出了更多的挑战。如何保证体育教学内容结构紧跟体育科学的发展步伐，并满足社会的需求，已经成为体育教学工作者无法回避的课题，这就需要体育教学内容结构具备动态性。动态性可以保证社会产生的新知识能及时反映在体育教学内容中。此外，当下社会对人才素质要求的变化也可以反映在体育教学体系当中。综上所述，体育教学内容结构应该具备动态性显得十分必要。

（五）体育教学内容结构实践性的改进

实践性是体育教学的关键，是由体育本质属性所决定的。学习体育基本理论知识的目的是让学生正确理解体育课程并以此指导体育实践活动。所以，在安排体育教学内容时要考虑其对完成教学目标的重要程度，要与其他部分相辅相成。简而言之，就是体育教学内容结构应兼具个别优势和多种内容有机合成的综合结构优势，这些都是建立在体育教学内容结构实践性上的。

四、高校体育教学内容体系的优化与完善

（一）改变传统落后思想

当今社会的高校学生大多处于"亚健康"状态，这与学生不重视体育课有很大关系。要想改变学生对传统体育课的看法，就必须树立"生命在于运动"的思想。这一思想既强调了体育的重要性，又表明了运动对于生命健康的影响，是身体健康与体育的连接点，可以启发学生通过体育锻炼达成更好的生活状态，也使体育与素质教育有了更好的结合。体育教学要想达到"健康为首，素质第一"的素质教育目标，就要帮助学生建立良好的运动习惯，掌握基本的运动技能，以运动来促进教育体系的改革。要对体育的目的、功能、教学手法等做一次新的定位，建立起一个适应当今社会的体育教学体系。

改革开放后，我国经历了几十年的体育教育改革和发展，人们清楚地认识到，在众多教育思想相结合的当今社会，体育已经给我国教育发展注入了新的生机，带来了新的活力。但体育并不仅仅局限于学校中，应保证学生在学校生活之外也可以养成良好的锻炼身体的习惯，使体育成为终身相伴的一项事业，最终达到终身体育的目的。只有这样，才能真正实现体育教学改革的目标，真正使体育造福社会。

（二）体育教学内容体系的优化、创新与完善

1.体育教学内容体系的优化

要想对体育教学内容进行优化，需要从结构方面入手，这其中包括形式结构和实质结构两个方面。从形式结构方面来讲，主要针对的对象是课程中辅助教学的内容，如教材、说明等。对于形式结构的优化可以从根本上改变学生对于体育课程的认识，加快学生对体育动作的学习，使学生加深体育教学对自身发展的理解。因此，从形式结构上进行优化可以说是从理论上丰富和优化了课程体系的内容。从实质结构方面来讲，优化主要包括以下两个方面。第一，指体育教师在课程讲述中对于课程的自身理解和构想，也就是对课程的一个框架的构思，要体现教师的主观意愿。这一过程中所展现的知识与内容都应是教师个人通过自己的想法和行动来进行构建的。第二，指教师

在授课过程中每个课程的内容、主题的编排和顺序安排的方法。在实质结构优化过程中，教师需要根据自身的理解来安排课堂的授课内容，选择该堂课的主题，并通过适当的安排方式使学生在课堂学习中获得最大的收获。通过经验和研究不难发现，要想优化体育教学内容体系，就必须要将体育教学内容和体育课程并驾齐驱，与此同时，还要注重课程的实质结构优化，使实质结构与形式结构完美结合在一起，共同在教学中发挥作用。实质结构和形式结构的优化能够促进体育教学内容体系的结构优化和改革，从本质上对体育教学内容进行调整与改进。

2. 体育教学内容体系的创新

21 世纪的社会对于教育的要求是实现教学内容的多样化、综合化、现代化和信息化等。而在这之中，很重要的一点是要关注体育和教育的结合。在当前素质教育全面推进的背景下，更加突显了体育在教育中的地位。在学生素质发展的过程中，身体素质是科学文化和道德素质的基础，这三者是相辅相成的。

第一，身体素质之所以处于基础地位，是因为如果没有健康的体魄，人的思想、科学文化、理想和道德等也就没有了可以依靠的载体，也就不存在价值的实现。因此，要想提高整体素质，必须大力提高学生的身体素质，以确保学生处于健康的身体状况下，进行更高层次的精神追求。体育课应该最大限度地激发学生对体育锻炼的自觉性和热情，以达成磨炼意志、培养公平竞争和积极进取的精神的效果。同时，师生可以通过体育运动做到互相尊重，最终使学生建立起更加自信、自强的精神状态。体育教学应当重视对学生身心健康的引导，使学生的体育锻炼形成稳定的规律和模式，成为一种新的健康生活形式。

第二，为了适应当今社会的经济和社会需求，学生的能力需求应有更进一步的提升，要求学生专业基础好、知识面广、个人综合素质能力强。要想实现这一目标，仅凭单一的课堂教学模式是不可能完成的，应进行适当的角色转换，即学生由受教育者转向培养者，而教师也应由单一方向的课程传授转向对学生个性和能力的关注与培养。这一过程要求学生更加注重实现自我价值，这也就要求体育教学内容多样化，要增加大量的诸如网球、羽毛球等终身体育项目的课程。通过这些课程的开设，学生不仅能够体会到运动水平的提高，还能为今后强身健体、保持终身锻炼的习惯打下良好的基础。

第三，在体育课堂教材的选择上应具有多样性，这种多样性不仅针对学生身心需求，更是由于身体练习的多样性。对于在校学生体育目标的设置，不仅要发展学生的身体，更要发展学生的心理。在当前的体育课程中，竞技运动项目作为课堂体育项目进行加工与传授，逐步通过教材化和娱乐化活跃在校园内外，大部分受到学生喜爱和熟悉的项目是来自竞技运动比赛的，如篮球、足球等。但随着社会的发展，越来越多的人开始逐步产生追求身体健康的意识，健身运动项目如舞蹈、瑜伽等逐渐兴起。当然，健身运动项目与竞技运动项目本质上并不发生冲突，只要能够引起学生的兴趣，并同时没有过量的运动，便可以将竞技项目纳入健身运动项目的范围内，带动学生积极参与。因此，在处理竞技运动项目和素质发展时，主要强调其多样性和参与性，以便于学生进行选择和参加。

第四，根据学生在不同时期对于知识和发展的不同需求，可以进行体育运动的不同安排。学生在大学阶段以前处于求学期，体育教学以发展学生身体素质为主，从大学阶段开始由学习期向创造期进行转变和过渡。过去的高校体育教学内容以运动技术为中心进行开展，忽略了教学方法，对学生的素质和身心健康关注很少，这对健康是十分不利的。大学期间的学习对于学生来说，主要是基础能力和技能的培养，是对综合能力的培养，侧重发展学习和创造能力，因此在体育教学中也要格外重视体育方法的教学，着重进行开创性教学，培养学生终身体育的习惯和能力。

总之，体育教学内容要想进行优化，就需要遵循学生心理和生理的发展过程，对体育教学内容进行多样化开展，以便满足不同年龄段、不同学生的个性，以及心理和生理的发展需求，做好大、中、小学的内容衔接。

3.体育教学内容体系的完善

体育教学内容体系的完善首先要突出课程的实用性。在针对不同学生进行教学计划的安排与设计时，要根据不同情况进行不同体育项目的选择。要尽可能地选择实用型体育项目，使学生能够将课上所学的内容应用到课后的日常体育运动当中，达到学以致用的效果，这样就能够提高学生进行体育运动的积极性，激发学生对终身体育运动的兴趣。

其次，由于体育具有终身性，体育教学的任务就多了帮助学生树立终身运动思想的任务。体育教学要根据学生不同阶段和实际情况，督促学生进行体育锻炼，并养成良好的习惯，以便用于今后的日常生活中，达到实现素质教育的目的。

最后，体育教学体系的优化和完善可以采取以下三种措施。第一，增加体育教学过程中基础性教学的内容，使学生在体能和技术上都能够得到适当的发展。第二，在体育教学中加入与社会的接触，如游泳、羽毛球等运动项目，一方面锻炼了学生的体能，另一方面也给予了学生与社会接触的机会，增加了学生的技能。第三，要针对学校的硬件条件进行体育课程的安排。体育课程的主要受益者是学生，这也就要求教师需要根据学生的兴趣、爱好等进行教学内容的选择。当然，教师在关注学生体能发展的同时，也要关注其心理的发展，要培养学生面对失败不气馁、勇敢面对挫折的精神。

总之，体育教学内容体系的完善具有以下意义。首先，推动体育教学内容的研究，促进体育教学理论的进一步完善。不同时期的体育教学内容和体系大相径庭，体育教学内容随着时代的发展和变化而逐渐演变，因此呈现出多姿多彩的模式。体育教学内容作为体系中必不可少的一部分，应该针对教学中所出现的现象进行分析，并给出解决方法，这样才能够帮助建立并优化新的、有效的教学内容体系，达到体育教学的最终目的。其次，督促教师对体育的本质和现象进行更深刻的思考。只有这样，教师才能够向学生阐述体育教学的本质，并根据学生对于这些问题的反馈情况，结合当今最新的教学理念，进行重点教学，以求最终达到教学目的。最后，教学内容体系的优化与完善有助于教师提升科研和执教能力。作为一门理论与实践紧密结合的课程，体育教师能够通过课程内容和目的学习，对学生进行更深刻的讲解，从而提高自己的科研和执教能力。

随着社会的不断发展和教育事业的不断壮大，许多新兴体育项目日益兴起。针对不同的学生，体育教师要把握他们共同的个性特点，并针对各自不同的特点进行教学。在当今社会背景下，学校教育对体育教师提出了更高的要求和期待。这也就要求体育教师花更多的时间对教学内容进行研究和优化。只有这样，才能够加深学生对于体育运动的印象和理解，最终达到培养学生学以致用并进行终身体育的目的。只有让学生学以致用，才能够更好地发挥体育在人才培养中的作用，这也是体育教学内容体系优化与完善的最终目标。

第二节　高校体育教学内容的目标与要求

体育教学的内容来源于人类发展的各个时期，其教学内容的目标和要求都具有很强的时代性。这主要是因为体育教学内容由当地民众的文化水平、地域气候条件、社会政治经济发展状况、生产力水平、科学技术水平等因素决定。为了帮助更多的体育教学工作者认清体育教学内容的目标与要求之间的关系，笔者结合自身的经验和知识，以及对实践教学的分析和观察，在本节中对各种体育教学内容的目标与要求进行简单的介绍。

一、传统性体育教学内容的目标与要求

传统性体育教学内容主要是指运用传统的教育方法对学生进行体育运动技能培训的一种形式，是体育教学内容中一直存在的锻炼项目。虽然体育教学内容随着时代的不断更迭而持续变化，但是传统性体育教学内容因其积极的教育作用仍然在教育界中占据重要的地位。下面将对一部分传统性体育教学内容的目标与要求进行简单的叙述。

（一）体育保健

体育保健教学内容的目标：传授体育保健基本知识和原理，使学生深刻认识到体育教学在人的成长过程中的重要作用，以及学习体育运动对国家、社会的重要作用，从而激发学生对体育锻炼的使命感，使他们自觉参加体育

锻炼。除此之外，通过体育保健基本知识和原理的学习，学生能够了解一些体育学习的必要知识，形成对体育教学的正确认识。

体育保健教学内容的要求：体育保健教学内容的编写应该结合当前社会的状况、学生的实际需求等方面进行，并且精选一些对学生的实际生活和成长有较重要影响作用的体育运动项目，保证内容的真实性和目的性。同时，在对这类内容进行教学的过程中，要结合实际操作进行演示，有益于学生掌握和接受。

（二）田径运动

田径运动是常见的运动项目，主要包括跑步、跳高、跳远、投掷等内容。

田径运动教学内容的目标：使学生了解田径运动的一般规律和基本知识，清楚地认识到田径运动对他们在成长过程中培养身体素质的重要意义，掌握一些与田径运动相关的基本原理和方法、基本的田径运动技能，通过在生活中不断练习，达到增强学生体质的目的。

田径运动教学内容的要求：在设计田径运动教学内容的时候，不应该单单从竞技类运动的角度划分、分析田径运动的教学内容和作用，应该从文化、运动特点、技能作用等多方面进行教学内容的设计和组织，这样才能让学生更科学地掌握田径运动的基本知识，并且将获得的田径运动知识和技能正确应用到健身实践中去。由于田径运动会使肌体产生一定的负荷，负荷强度太高会对肌体造成一定的损害，强度太低则达不到运动的效果，所以在教学过程中，应该根据学生的身体特点进行灵活的教学。

（三）体操运动

体操运动是体育教学中的重要组成部分，由于其对人体的平衡和形体的训练有着非常积极的作用，体操这一运动颇受广大青少年的喜爱。

体操运动教学内容的目标：第一，在教师的指导下，让学生充分了解体操运动文化，了解体操运动对人体健康的积极作用；第二，让学生掌握一些基本的体操运动技能和方法，使学生能够在日常生活中使用体操来锻炼身体；第三，让学生能够安全地从事体操运动，并且掌握一些体操比赛的基本常识和技巧。

体操运动教学内容的要求：体操不仅能锻炼人体的平衡性、协调性和灵活性，还能对学生进行心理方面的积极引导和教育。因此，要从竞技、心理和生理等多视角来对体操教学内容进行分析。在教学内容的编排上要保证一定的层次性，不能总是停留在低水平的层次上。在教学过程中，要根据学生的身体特点，开展合理的训练，如有些学生平衡能力较差，应该对其进行更多有关平衡能力的练习，做到因材施教，这样才能保证教学质量的提高。

（四）球类运动

球类运动是一种常见运动，主要包括足球、篮球、乒乓球等。由于球类运动是一项充满活力和竞技趣味的运动，因此很受当今青少年的喜爱。

球类运动教学内容的目标：第一，让学生充分了解球类运动的基本概念和球类运动中的一些比赛规则；第二，使学生能够掌握一些球类运动的技能和技巧，以及参加球类运动比赛的基本技能和常识性知识。

球类运动教学内容的要求：球类运动虽然是一项群众性的运动，但其技巧和方法较为复杂，因此在筛选教学内容的时候不能只对球类的单个技能进行教学，而忽视其与比赛之间的联系，否则就会失去球类运动的基本特性，同时还要注意教学内容选择的顺序性与实战性之间的联系。在教学过程中，要注重对技能的训练和对学生团队合作精神的培养。

（五）韵律运动

韵律运动其实就是一些类似于舞蹈、健美操、体操等的运动项目，韵律运动与其他运动最大的区别就是将舞蹈与运动相结合，在音乐节奏的作用下，实现了两者的完美结合，因此韵律运动是当今女性尤其喜爱的一种运动。

韵律运动教学内容的目标：使学生了解韵律运动的基本特征，了解从事这一项运动应该遵循的基本原则和规律，掌握一些基本的技巧和套路。除此之外，通过此课程的学习，塑造学生优美的形体。

韵律运动教学内容的要求：因为韵律运动是一项表现运动，同时又是一项塑造形体的运动，不仅涉及音乐、艺术方面的因素，还涉及美学方面的知识，因此韵律运动教学内容应该从学生审美观的培养、舞蹈音乐的了解和掌握等方面全面且多角度地加以考虑。韵律运动教学内容还要强调对学生创新能力的培养。

（六）民族传统体育

民族传统体育反映一个民族发展的历史，代表着这个民族的精神和文化。

民族传统体育教学内容的目标：第一，借助对民族传统体育的讲授，让学生对民族文化有更深的了解；第二，使学生学到一些民族传统体育的技能，既可以防身，又可以继承和弘扬民族文化，如中国武术。

民族传统体育教学内容的要求：在编排内容时，不仅要结合学生的特点及现代人的生活方式，还要强调内容的文化性和实用性，特别是对民族传统体育文化背景和意义的介绍和揣摩。在教学过程中，要注意对学生兴趣的培养。

二、新兴体育教学内容的目标与要求

随着社会的不断发展，人们生活水平日益提升，科技不断进步，促进了各国政治、经济、文化的迅速创新和发展。在这种社会背景下，新的体育运动项目也逐渐兴起。研究新兴体育教学内容有助于优化体育教学的结构。通过对体育教学内容的不断研究和分析，可以将新兴体育教学内容总结如下。

（一）乡土体育

近年来，随着教育改革的不断深入，创新教育内容、不断对课程资源进行开发引起了广大体育教学研究者的重视，一些具有积极锻炼意义、散发着浓烈的乡土气息的运动项目重新登上体育教育的舞台。

乡土体育教学内容的目标：让学生对民间体育和民俗风情有更深的了解，使学生掌握一些具有地区特色的民俗体育知识和技能，促进当地传统文化的继承和传播。

乡土体育教学内容的要求：由于这类体育项目来自民间，具有民俗文化的传播作用，因此要注重其内容的文化性、安全性、锻炼性和规范性，同时剔除一些不利于文化传播或是正能量传播的因素，摒除一些错误的实践。

（二）体能与身体锻炼

随着社会对学生身心健康全面发展要求的不断提高，一些针对性较强的体育锻炼作为培养学生身体健康的运动被正式带进课堂。这些内容与教师对此运动的实践技能的传授相结合，共同发挥着提高学生的身体素质和运动素质的作用。

体能与身体锻炼教学内容的目标：体育教师应该通过这一部分教学内容，有效锻炼学生的身体，让学生掌握更多实践锻炼与运动的原则和方法，帮助他们更好地提升运动技能。

体能与身体锻炼教学内容的要求：由于这是对学生体能的锻炼，因此要结合学生身体素质的状况，遵循体育锻炼时的基本规律，要注意锻炼的针对性、科学性和时效性，同时应注意内容应该符合国家规定的关于学生体质健康的实行标准。

（三）新兴体育运动

由于新兴体育运动教学的内容具有时代性，因此教师在教学时要注意对体育教学目标的掌握。

新兴体育教学内容的目标：使学生掌握一些比较流行的体育运动文化，提高学生对新兴体育运动教学内容的兴趣，同时提高体育教学在终身教育方面的实用性，从而提高体育教学的质量。

新兴体育运动教学内容的要求：由于是一种新兴的体育教学内容，所以在选用这种教学内容时，首先要保证其符合教学条件的基本要求，其次要注意体育教学内容的文化性、教育性、安全性和实践性，同时注意对教育内容的筛选，杜绝不利于学生成长的体育内容。

（四）巩固和应用类课程的基本教学内容

巩固和应用类课程的基本教学内容是新课标要求下的一种教学内容，而且是随着活动课程的发展不断形成的。

巩固和应用类课程的基本教学内容的目标：通过此类教学内容的学习，

巩固学生有关体育教学的基本知识和技能，并将其与运动实践相结合，借此提高学生的体育锻炼技能，以及在参加体育活动方面的常识和能力。

巩固和应用类课程的基本教学内容的要求：在选用教学内容时，应该注意将其与学科内容和体育教学内容完美融合，同时注意对内容的延展性和应用性的掌握，注意对学生在体育教学活动中的创新能力和创新意识的培养，使学生能够进一步拓展所学习到的知识和技术。

三、我国体育教学内容的发展与改革

（一）体育教学内容的发展趋势

体育教学内容都是从传统的生活方式和生活习惯中演变而来的，但是由于时代的不同，体育教学内容也产生了不同程度的变化。笔者将体育教学内容的发展趋势总结如下。

第一，正规的体育运动项目迅速兴起。人们对体育教学的认识及对体育教学的重视程度逐渐提高，随着现代竞技体育运动的不断兴起和普及，其逐渐取代了乡土体育教学内容。

第二，对体育教师的要求较高。虽然随着新课标的推行，体育教学内容的数量正在不断减少，但是随着体育大纲教学目标的强度不断加大，体育教学内容的难度也有所增加，这就要求体育教学工作者必须由受过专门体育训练的人员担任。

第三，体育教学的娱乐性因素在减少。随着教育事业的不断创新和发展，体育教学也在素质教育的推动下逐渐发挥了其重要作用。目前，体育教学成为社会培养全面发展人才、培养具有健康体魄的学生的重要途径。在这一背景下，体育教学逐渐淡去了其本身具有的娱乐性，加大了对锻炼性的要求。

第四，运动器材的正规化。体育运动已经作为一种正规的体育教学手段被推上了教育的舞台，并且得到了足够的重视。随着科学技术的不断发展，一些新兴的、具有锻炼意义的正规体育器材，也被应用于教学情境中。

（二）体育教学内容的改革

通过上述对体育教学发展趋势的分析可以看出，体育教学内容虽然日益正规，却很单调，技术难度不断加大，但是娱乐性在不断减少，长此以往，学生会逐渐降低对体育运动的兴趣，针对这种情况，必须进行以下体育教学内容的改革。

1. 改变体育教学内容中的生硬化

体育教学内容的生硬化会使体育教学变得枯燥无味，并降低学生对体育运动的兴趣，不利于教学效果的加强和教学质量的提高。因此，当前应该改变体育教学内容生硬化这一现象，使学生重新燃起对体育运动的兴趣。

2. 解决体育教学内容与学生社会体育活动之间的差异

体育教学内容的原型来源于人们的日常生活，也正因如此，将体育教学内容与学生社会体育活动联系起来，有利于学生掌握和巩固体育知识和技能。因此，应该改变体育教学内容与学生社会体育活动之间的差异，提高体育教学的群众性和实践性。

3. 提高学生的体育兴趣

兴趣是促进学生更好学习的催化剂，但是随着近几年体育教学内容去娱乐性的特点，很多学生觉得目前较为正规的体育教学变得枯燥无味，逐渐对体育学习失去了兴趣，这对于体育教学而言是非常不利的。因此，教学内容应该重视其娱乐性，提高学生对体育学习的兴趣。

4. 多增加一些具有民族性的体育内容

体育教学内容中应该多增加一些具有民族性的体育教学内容，提高学生对民族文化的认识，促进民族体育文化的传播。

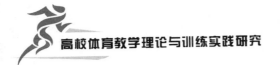

第三节 高校体育教学内容的分类和层次

对体育教学内容的分类和层次的研究，是对体育教材进行研究的基础，也是多年来我国体育教学尚未解决的问题，而且在实际教学过程中还出现了很多明显的分类错误。为了更好地解决体育教学内容中关于层次和分类的问题，本节对此进行深入的研究。

一、体育教学内容分类的重要性

对内容进行分类和层次研究的主要目的是对这些内容进行整合和归类，据此加深人们对此内容的认识。对体育教学内容的分类和层次进行研究的目的，也是便于体育教师在体育教学过程中对教学内容进行梳理和讲授，建立更加清晰的体育教学内容体系，保证体育教学内容与体育目标之间的联系更加紧密，也便于体育教学工作者对体育教学过程进行合理安排。

但是，由于体育教学内容较其他学科的教学内容而言具有很大的特殊性，再加上体育教学内容涉及的知识较为复杂，因此体育教学内容的分类一直是困扰体育教学工作者和研究者的主要问题。自从体育教学成为学校教学内容之一并受到普遍关注以来，体育教学研究者就对体育教学内容进行了很多不同的划分和研究。因此，体育教学内容的划分是一个多角度、较为复杂的工作，这主要还是由体育教学内容的复杂性所决定的，也是由体育教学内容的多功能性、多价值性所决定的。

在进行体育课程和教材建设的过程中，我国很多体育教学研究者遇到了体育教学内容分类上的难题，虽然这是体育教学研究者一直致力研究和解决的问题，但是从目前来看，其结果不容乐观。这也直接影响了我国体育教学的发展和进步。

二、体育教学内容分类的方法和层次

研究国外体育教学的发展历程可以看到，国外在体育教学内容的分类上有很多方法，很多体育教学研究者对其进行了较为深入的研究，其中较为著名的就是德国体育学者所研究的分类方法，即多角度地对体育教学内容进行分类。例如：从心理学的角度，主要依据"教学指导心理"和"心理负荷"两个方面对教学内容进行分类；从运动类别的角度，主要根据运动群体进行分类；从解剖生理学的角度，主要根据身体部位和关节部位进行分类。除此之外，还有从社会学角度、实践指导角度、发展角度进行的体育教学内容的分类。

我国体育教学研究者也对体育教学内容的分类做了很多的研究，依据笔者掌握的内容来看，我国对于体育教学内容的分类也有多种方法。例如：根据人体的基本活动能力进行分类；根据运动者的身体素质进行分类；根据教学目的进行分类；根据运动项目进行分类；还有现在使用的交叉综合分类法；等等。

根据以上国内外各种关于体育教学内容的分类方法，可以从中获得以下两点启示。

第一，体育教学内容的分类方法具有多样性。这种多样性主要取决于体育教学内容研究者观察、审视体育教学内容的角度和方向。因为体育教学内容较为繁多复杂，因此在对其进行分类的时候，要多角度、全面地对内容进行分类和整理，保证其内容的合理性和科学性。

第二，注意体育教学内容的层次性。为了避免体育教学内容的分类较为繁多，可以先根据其层次的不同进行具有层次性的分类，然后在此基础上对其进行系统的分类，这样的分类方法较为清晰明了，而且便于教学的开展。例如，在进行篮球教学的时候，首先进行运球技术的教授和训练，其次进行传球技术、投球技术的训练，这样有层次的教授和练习有助于学生对知识和技能的掌握。

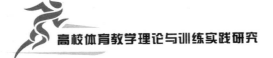

三、我国体育教学内容的分类

我国体育教学内容的分类一直以来都是体育教学中的主要难题，分类是否具有科学性直接关系到体育教学活动能否顺利开展，关系到体育教学质量的高低，因此体育教学内容的分类是体育教学研究中的重点工作。但是，我国体育教学内容的分类还缺乏对理论知识的理解，我国之前对体育教学内容的分类并没有具体指明所建立的层次。

（一）交叉综合分类法

1993 年版的《体育教学大纲》说明，我国推行的体育教学内容的分类方法是"交叉综合分类法"，这种分类方法能够使教育工作者多角度、全面地进行体育教学。根据《体育教学大纲》编写者的说明，所谓的交叉综合分类法，实际上就是将体育教学内容所涉及的运动实践部分的内容按照运动项目和身体素质两个方面进行分类，将提高身体素质练习和各项运动教学内容放到一起进行教学。

但是在交叉综合分类法中，将提高身体素质练习和各项运动教学内容放到一起教学，首先就违反了"同一划分的根据必须统一"的原则，即在对体育教学内容进行同一划分时必须以统一的标准为依据，而且要保证在此分类基础上所进行的子项分类不相互排斥，而是相互包容，因此交叉综合分类法对于体育教学内容的划分是存在缺陷的。

（二）根据教学目的进行分类的方法

1993 年版的《体育教学大纲》在分类上存在不足之处，主要是因为这种分类方法没有对教学内容层次进行分类，没有考虑到在以身体素质分类和以运动项目分类的上面还应有一个上位的分类方法。如果利用根据教学目的进行分类的方法，首先应该确定体育教学内容分类的上位，在此基础上，再将下位的分类内容稍微进行改动，就能实现对体育教学内容科学、正确分类，这样不仅不会造成体育教学内容在分类上的混乱，而且能加强学生对体育运动技能方法的学习。笔者通过对体育教学内容的掌握和研究，以及对学生特点、教学特点的研究，将体育教学内容分类的优点总结为以下四个方面。

1.明确教学的方法和目的

以教学目的进行教学内容分类的方法，结合了学生特点和教学特点，进行了科学的规定，能够使教学的目的性和教学方法的应用更加明确，为体育教学的开展指明了科学的道路。

2.保证竞技运动知识和技能的学习

受传统教学模式的影响，即使在对学生进行体育教学的时候，教师也难以避免地对学生进行"以体育技能竞赛为目的的教学内容的编排"，这样就难以发挥体育教学内容的全面性，难以保证体育教学目标的顺利实现。以教学目的进行分类的方法，能够按照大纲的要求进行体育教学内容的编排，打破以竞赛为目的的教材编排体系，从而使竞技运动知识和技能得到保障。

3.能够避免内容上的重叠

体育教学内容繁多复杂，在对其进行分类的时候，按照传统的分类方法进行分类，难以避免内容的重叠或是遗漏。采用根据教学目的进行教学内容分类的方法，对教学内容首先进行简单的层次分类，然后再根据每个层次内容属性的不同进行具体的分类，一方面便于内容的整理，另一方面也利于教学工作的进行。

4.对体育教学的指导性增强

体育教学内容是进行教学实践的指导和基础。教学的指导性同时也是进行教学内容编写的要求。对体育教学内容进行分类并不是简单的教学问题，它是以科学的理论为依据，需要对教学过程提供指导的。因此，对教学内容的合理分类能使教学目标与内容之间形成良好的对接，从而增强体育教学的指导性。

四、体育教学内容分类的注意事项

对体育进行教学内容分类的目的就是对内容进行科学的整理，使内容与教学目标之间形成无缝对接，完成教学目标、方法等的相互贯通，向体育教师更清晰地传达体育教学课程和教学内容的目的，从而指导体育教学的进行。由此可见，体育教学内容的分类和整理在教学过程中占据着非常重要的作用。

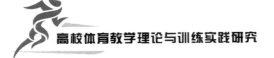

笔者根据多年来对教学内容分类的研究和总结，将进行体育教学内容分类的注意事项总结如下。

1. 教学内容的分类要服从教学目标

体育教学内容的分类并不是一成不变的，而是要根据社会和国家的教育方针和教育目标的要求不断变化，教学目标则是随着时代的变化和人们需求的不同而逐渐变化，所以固定的体育教学内容的分类也是不存在的。因此，体育教学内容的研究者和教材的编写者在对体育教学内容进行分类的时候，要不断更新自己的时代观念，关注社会体育教学目标的变化，使教学内容的分类更好地服从教学目标。

2. 教学内容的分类要具有科学性

体育教学内容的分类是体育教学过程的指导依据，是实现体育教学目标的根本保障。因此，在对体育教学内容进行分类的时候，要保证其符合教学大纲的根本要求和原则，同时要有科学的观念，这样才能保证体育教学内容的分类能够更好地指导体育教学过程顺利进行。

3. 教学内容的分类要具有阶段性

体育教学贯穿学校教育的始终，但是个体的成长具有阶段性，不同年龄段的学生对知识和技能的接受能力不同，加之体育教学大纲对各个年龄段学生的教学要求和目标是不同的，所以在对体育教学内容进行分类的时候，应当具有阶段性，结合学生身体发育的阶段进行教学内容的编排。

4. 教学内容的分类应为教学实践服务

体育教学对实践性要求较高，实践性是体育教学的一个显著性特征。在进行体育教材分类的时候，首先应该对教材的内容按照其实践性的强弱进行适当的划分。对实践性要求较强的体育教学内容，多安排其实践环节；对实践性要求较弱的内容，根据其性质多安排其理论课程的讲授。这样才能全面掌握教学内容的重难点。

5. 要明确教学内容的选编原则

随着社会对体育教学要求的不断提高，需要通过体育教学研究对体育教学内容进行调整和优化，而为了保证体育教学内容更有利于学生的成长和发展，首先应该保证体育教学内容的科学性。因此，体育教学研究者首先应该明确体育教学内容的选编原则，这也是进行体育教学研究的必备条件。

6. 掌握和了解体育校本教材

体育校本教材是体育教师在指导学生进行体育活动时的参考基础，也是教学内容的载体，无论是哪一个层次的体育教学研究，都是建立在对校本教材加以了解的基础上。掌握当前情况下体育教学的基本内容及编写方案，可以为研究提供更多的理论基础和现实依据。

7. 研究和了解体育教案

体育教案是体育教师在进行体育教学时的方案和步骤，是体育教学能够顺利进行的前提条件。开展体育教学研究的最终目的就是提高体育教学的质量，其中包括教师的教学方法和策略。对体育教案的研究和了解，能够帮助体育教师认识到体育教学内容研究层次的划分方法和要求。

8. 了解和掌握体育教学条件

体育教学的实践性极强，为了保证体育教学的顺利完成，首先应该保证良好的物质条件和适宜的教学环境。良好的物质条件为体育教学提供了基础，例如，在开展体育教学的时候，学校需要提供诸如单杠、双杠、铅球、跳绳等一些能够保证体育运动项目顺利完成的物质条件。如果没有这些物质条件的依托，体育教学就会成为一纸空谈，无法落到实处，无法发挥其重要作用。适宜的教学环境同样也是体育教学的必备条件，学生只有在适合开展体育教学活动的环境中，才能真正融入体育教学活动，并且适宜的教学环境能够确保学生在体育教学活动之中的安全，避免不利于学生安全的事件发生。与此同时，适宜的教学环境能够促进师生之间的交流和互动，促进体育教学质量的提高。因此，在从事体育教学研究的时候，首先应该清楚地了解体育教学条件，只有清楚地掌握体育教学条件，才能在此基础上对所得的教学方案进行可行性研究和分析。

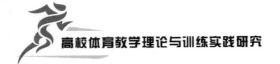

第四节 体育教材化及其内容

任何一个学科都有其教材化的划分,这是学校学科教学的根本特点之一,为了保证体育教学的正常开展,体育教学工作者应该重视对体育教材化的研究,为体育教学过程提供良好的教学素材,保证教学工作的正常进行。

一、体育教材化的概念

虽然许多体育教学工作者深知体育教材化的重要性,但是由于对体育教学过程研究的经验不足,相关的研究人才缺乏,我国在体育教材化的研究中仍然没有太大的进步。笔者通过多年来对体育教学的研究和各种参考资料的分析,将体育教材化的概念总结如下:体育教材化是依据体育教学的目的和学生发展的需要,针对体育教学的条件,将体育的素材加工成体育教学内容的过程。体育教材化的概念包括以下三层含义。

第一,体育教材化实际上就是将体育教学过程中的素材进行筛选、加工、编排,最终使其成为教学内容的过程,这是体育教材化最本质、最基础的含义。

第二,体育教材化侧重于对体育教学内容的加工和整理,体育教材也是加工的成果。

第三,体育教材化是依据学生的学习目标,结合学生的身体发育的特点和认知规律,以为学生创造有利的教学条件为前提而加工完成的。

二、体育教材化的意义

纵观我国体育教学的现状及特点,其涉及的内容非常广泛,它们有的来自人们的日常生活,有的来自传统的习俗,有的来自军队,都是体育教学内容的良好素材,但是这种素材绝不能被简单地认为是体育教学内容。如果将体育教材等同于体育教学内容,那么就无法保证教学过程的目标一致性,因为体育教材只是体育教学内容的参考,在教学的过程中,教师还应该根据体育教学的目标及教学环境进行教学内容的筛选。笔者结合自身对体育教学研究所获得的知识和经验，将体育教材化的意义总结为以下四点。

第一，体育教材化是选择体育教学内容的依据和前提条件。在教学内容的选择过程中，可以选择一些与教学目标和学生的发展需要联系较为密切的知识作为教学内容，这样就可以避免教学内容的繁杂，避免教学内容选择过程中目的性不强等问题。

第二，体育教材化是对较为宽泛的体育教学内容的加工，这样可以使体育教学内容的选择素材更趋近于教学目标和教学实际，消除体育教学素材与体育教学内容之间的差异，使体育教学内容的选择更具有目标针对性。

第三，体育教材化是对体育教学内容不断进行编排、整理、选择的过程，因此通过体育教材化对教学内容的加工，所选择的体育教学内容会具有整体性和系统性，体育教学工作者在教学过程中也能更好地发挥教学内容的教育作用。

第四，体育教材化能够对体育教学内容进行加工和整理，使原本抽象的教学内容具体化，更容易融入教学活动之中，更容易被学生接受，从而使体育教学内容成为教学活动的依据，保证教学能够有条不紊地进行。

三、体育教材化的层次

体育教材化有以下两个基本的层次。

第一，编写体育课程标准和教科书的工作，这是体育教材化的第一个基本层次。体育教科书是体育教学过程的参考依据，任何一门学科的教学都需要教科书的指导。这个层次的工作一般是由国家和地方的教育行政部门完成的，因为这是整个国家和地区的体育教学过程的参照。编写体育课程标准和教科书的工作，主要是根据教学目标和当今环境，进行教材的分类和加工，然后将所得的成果作为体育教学的教科书，供体育教学使用。

第二，依据课程标准和教学大纲及教学目标，将体育教材变成学生学习的内容，这个层次的工作一般由学校的体育教研小组担任。体育教材中的有些教学内容只要求学生了解，有些教学内容则需要学生掌握，因此学校的体育教研小组需要结合体育教学目标及不同年级学生的身心发展规律和特点，

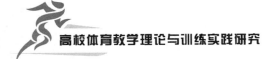

把体育教学内容进行细化，使其在满足体育教学目标的大前提下，更加符合某一个班级或是某一层次学生的学习需求。

四、体育教材化的内容

笔者通过对体育教材化的研究和对体育教学工作的考察，得出体育教材化包括以下四项内容。

（一）体育教学内容的选择

前文在表述体育教材化的概念时，已经对体育教材化的整理和加工进行了阐述。所谓整理和加工，就是从宽泛的体育教学素材中选择较符合教学目标、学生身心发展需要和学校基本条件的内容。由于体育教学内容涉及的范围非常广，因此在进行教学内容的选择时，应该遵守体育教学内容选择的原则和程序。

1. 选择体育教学内容的原则

要想选择符合教学发展需要、目标针对性较强的体育教学内容，首先应该清楚选择体育教学内容的原则。笔者认为，选择体育教学内容的原则有以下五条。

（1）统一性原则。体育教学内容最终的服务对象是体育教学目标，因此教学内容与教学目标要统一，实际上就是指所选择的体育教学内容要有其相对应的体育教学目标。例如：在体育课上，要求学生进行一些诸如跑步、跳远等体育运动项目，实际上是为了增强学生的体能；让学生练习单脚站立，是为了提升学生的身体平衡能力；要求学生进行小组赛，是为了培养学生的团队合作能力；等等。在选择体育教学内容时，坚持教学内容与教学目标统一性原则，一方面能够保证所选择的教学内容的科学性、安全性，另一方面对学生而言还具有很强的身体锻炼价值。

（2）科学性原则。体育教学内容选择的科学性原则，实际上就是指所选择的体育教学内容要有利于学生的身体发展，能够促进学生身体素质和运动技能的提高，同时所安排教学的内容要在学生的身体承受范围之内。在进行体育锻炼的过程中，不能出现有损学生健康的行为，如不根据学生身体发展的特点而对其实施超负荷的教学任务，会导致学生身体的某项机能受到损害。所以，在对体育教学内容进行选择时，要坚持科学性原则。这主要包括两个方面：第一，应能促进学生身心健康的发展，有助于增强学生的身体运动能力；第二，应保证教学环境和教学实施条件的安全性。

（3）可行性原则。可行性原则是教学内容选择的基础，是教学过程的基本要求，如果选择的教学内容不具有可行性，那么教学内容的选择就失去了意义。如一个没有足球场地的学校，要加强学生的足球运动技能的培养，这种教学内容就是不具备可行性的，因为场地限制了这项教学内容的顺利开展。可以看出，可行性原则是指所选择的教学内容能够符合地区大部分学校的物质条件和教学能力及学生实际情况的需要。再完善的教学内容，如果没有教学场地和各种器材的支持，也不具备任何实用性的意义，都不应该被选中。

（4）趣味性原则。趣味性原则是指选择的教学内容要能激发学生的兴趣，能使更多的学生参与其中。例如，很多学生喜欢上篮球课，这是因为篮球运动是当下最为流行的运动之一，学生可以借助这项运动充分展示自己的活力，并能在运动中感受到乐趣。从学生的角度而言，体育运动带来的乐趣是学生参加体育教学活动的动机和目的，只有保证教学内容的趣味性，才能提高学生的参与热情，使学生能够积极主动地参与到体育教学过程之中，进而提高体育教学的质量。

（5）特色性原则。现在很多的体育教学研究资料显示，将地域特色融入体育教学之中，不仅能够促进体育走进日常生活，同时还能不断开发体育教学的特色，充分发挥体育教学的创新性，提高人们对体育学习的热情。例如，因为舞龙文化而出名的奉化地区，在进行体育教学内容的选择时，就将舞龙作为教学内容之一，这就大大提升了体育教学的地域特色，以较为贴近学生生活的教学内容，提升了学生对体育教学的参与热情。换言之，学校开展体育教学的目的就是提升学生的体能，因此在选择教学内容时，也要尽可能地与地域特色相结合，以增加体育教学的实效性。

2.选择体育教学内容的程序

选择体育教学内容并不是盲目进行，而是依据特定的程序，这样才能保证所选择的体育教学内容的清晰性。在选择体育教学内容时，需要一个可以操作、优化的程序。

（1）确立教学目标。教学目标在教学内容的选择过程中占据着非常重要的地位。在选择体育教学内容时，应该坚持教学内容与教学目标相统一的原则，如果某些教学内容与教学目标不统一，那么就应该删除，如拳击，因为其会对学生造成一定的身体伤害，所以不应该置于教学内容之中。

（2）确保健身性和安全性。为了保证体育教学目标的顺利实现，应根据教学的目标和需求选择一些体育教学内容，但是有时这些体育教学内容并不能成为教学的最终内容，因为教学内容除了要符合目标性的原则，还要能够符合健身性和安全性的原则，这也是教学内容科学性的基本要求，如前空翻，虽然这一教学内容符合体育教学目标的要求，但是因为其在教学的过程中存在安全隐患，所以应该删除。

（3）判断教学实践的可行性。对体育教学内容的选择经过以上两个程序之后，接下来就应该判断这一教学内容是否具有实践的可行性，因为如果一种教学内容不具有可行性，那么即使再好也没有任何意义，如保龄球运动，虽然符合教学目标的健身性和安全性这两个要求，但是目前几乎所有的学校都不具备开设保龄球教学的条件，所以这一教学内容不具有可行性，不应该出现在课堂教学之中。因此，判断教学实践的可行性，是教学内容选择的第三个基本程序。

（4）判断教学内容的趣味性。通过前面关于体育教学原则的介绍，已经可以清楚地了解到趣味性体育教学的重要作用。如果一项体育教学内容不具有趣味性，那么将很难被学生接受，即使其满足以上三个程序的要求，最终也不能保证教学的顺利开展及教学目标的实现，如铅球运动，虽然这一教学内容满足以上每一个教学程序的要求，但是这一教学过程枯燥无比，无法提升学生的参与热情。

（5）符合终身体育教学观念。体育教学是终身体育教学和社会体育教学的基础，因此在体育教学的开展过程中，要重视体育教学内容与社会和地区运动文化之间的关系，尽可能地把体育教学内容与社会和地区体育教学文化相结合，这是体育教学内容选择的第五个程序。如在艳阳高照、气温居高不下的南方开展滑冰运动，一方面不利于教学的开展，另一方面也不利于教学的基本操作，因此它不应该被置于教学内容之中。

为了保证体育教学内容的科学性和可操作性，应该按照以上五个程序进行教学内容的选择。

（二）体育教学内容的编辑

体育教学内容的编辑也是体育教学内容选择的环节之一，笔者通过对体育教材的研究和分析，将体育教学内容编辑的相关内容整理如下。

1.体育教学内容的分类

因为体育教学涉及的内容较为宽泛，为了保证教学过程的系统性和整体性，在对体育教学内容进行编辑的时候，首先应该按照其特点和性质进行简单分类。

2.体育教学内容的编辑原则

体育教学内容大多源于人们的日常生活，涉及的内容也较多，因此体育教学内容的编辑一直都是体育课程和教学理论与实践的难题。笔者通过对体育过程和教学内容的分析，认为体育教学内容的编辑一般应该遵循以下三个原则：一是以学科体系为依据，按照由易到难的层次进行编辑；二是以学生身心发展的规律为依据进行编辑；三是根据教学的目的进行编辑。

3.体育教学内容的排列方法

体育教学内容的排列实际上就是按照其编辑的逻辑顺序进行的，因此在内容排列的过程中，所有的内容都应该遵循学科知识特点和学生的学习逻辑，同时根据每个教学内容的特点合理安排课时，并按照内容之间的递进关系安排每一节课的教学内容。

（三）体育教学内容的改造和加工

经过选择和编辑两个步骤后得到的与体育运动有关的知识和内容，都是体育教学的素材，但是要想将这些素材直接运用到课堂之中，还需要一个环节的支持，那就是对体育教学内容的加工和改造，这过程也是体育教材化的过程，最终将体育教学素材转化为体育教材，融入体育课堂之中。

通过我国目前的体育教学现状来看，我国在体育教材化方面已经取得了初步的成就。我国体育教材化的方法主要有以下三种。

1. 动作教育的教材化方法

动作教育是欧美国家的一种体育教育思想和体育教材化的方法论，其特点就是将一些体育竞技类运动按照人体运动所应遵循的原理加以归类，提出针对少年儿童进行的教材设计，如"体操""舞蹈"等。这种教材的趣味性较大，操作较为简单，因此适合低年级学生的学习。

2. 游戏化的教材化方法

游戏化的教材化方法，主要用以提升学生的学习热情，其主要适用于一些比较枯燥和单一的运动，这种运动较难引起学生的学习兴趣，为了最大限度地激发学生的学习热情，可以将这些枯燥和单一的运动通过一些游戏情境串联成游戏，从而提升参加者的兴趣。

3. 理性化的教材化方法

理性化的教材化方法，主要是为了帮助学生理解一些运动的原理，在教学过程中将懂与会进行结合的体育教材化方法，主要特点就是挖掘体育运动背后的原理和方法，以探究式和启发式的教学为依据，引导学生进行教学知识的学习。

除了以上三种常用的教材化方法，我国还有文化化的教材化方法、生活化和实用化的教材化方法、简化的教材化方法和变形的教材化方法等。

（四）体育教学内容的媒介化

因为体育教学内容较注重实践性和科学性，因此体育教学内容的媒介化是体育教材化的最后一项工作。实际上就是将体育教学素材进行选择、编辑、加工之后，最终将其变成嵌在某种教学媒体之上的教学内容，在教师和学生之间建立一个知识传播的媒介。

体育教学内容媒介化的载体一般为教科书、多媒体音像教材、多媒体课件、挂图、黑板板书和学习卡片等，通过它们能够直观地将体育教学中的相关知识展现在学生的面前。

第四章　高校体育教学方法

体育教学方法是体育教学的重要组成部分，是体育教学研究的中心环节，是衡量体育教学质量的标尺。但是，从社会对体育教学方法的研究及取得的成果来看，由于教学方法是教学的载体和条件，再加上体育教学过程中涉及的内容众多，目前我国在体育教学方法的研究和应用上都存在不足之处。出现这种情况的主要原因是体育教学工作者在实施体育教学时，对体育教学的方法、意义还缺少进一步的认识。另外，学生是体育教学的主体，每一名学生的特点和认知能力都不同，因此要根据社会的需求和学生的特点，采取具有针对性的教学方法，以保证教学质量。

第一节 高校体育教学方法概述

每一名体育教师在对学生开展体育教学之前，首先应当确定的内容就是体育教学方法，因为这是保证体育教学质量的关键因素。教师在制定体育教学方案的时候，必须对体育教学方法的相关知识有深入了解，只有这样才能清楚选择体育教学方法时的注意事项，才能制定出科学的体育教学方案。

一、体育教学方法的相关概念

总的来说，教学方法是教师和学生为了实现共同的教学目标，完成共同的教学任务，在教学过程中运用的方式与手段的总称。它包括教师的教法和学生的学法两大方面，是教授方法与学习方法的统一。因此，教师需要根据教学的内容、学生的特点、学生的接受能力和学习方法等进行教学方法的选择。不难看出，教学方法本身就是一个内容复杂的概念，有着不同的层次。

在体育教学方法的概念中也有很多类似的问题，就体育教师而言，如果对体育教学方法没有清晰的理解，往往会因为在其内涵和外延认识上的不同而在认识体育教学方法的过程中产生诸多的问题，影响教师在教学过程中对教学方法的选择和使用。

因为体育教学本身就是一种复杂的教学，对实践性的要求较高，因此教学方法的概念对于教学理论中的各个概念而言，也是一个相对复杂的概念。从事学科教学方法的研究者和专家在研究过程中给予体育教学方法不同的解释，但是由于每一种解释的主观性较强，所以虽然关于体育教学方法的概念较多，却没能有一个较为清晰的概念。

从本质来看，体育教学方法反映的是体育教学现状，再加上体育这门课程本身就有很多教学方法，如体育锻炼法和运动训练法，而且每一种方法中还包括很多不同的实施方法，因此体育教学方法的概念就变得更加复杂。

历年来，体育教学方法的研究者和专家对教学方法和体育教学方法的见

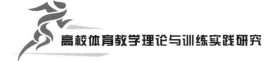

解如下。

彭永渭认为："教学方法是教师和学生为完成教学任务、实现教学目的，采用的工作方式或手段。"

李秉德认为："教学方法是为了完成教学任务而采取的办法，它包括教师教的方法和学生学的方法，是教师引导学生掌握知识和技能、获得身心发展而共同活动的方法。"

樊临虎在《体育教学论》中指出："体育教学方法是指在体育教学过程中，由教师指导学生，为达到一定的教学目标而进行的一系列活动方式、途径和手段的总和。"

张学忠在《学校体育教学论》中指出："体育教学方法是指在体育教学过程中，在一定的教学原则下，师生相互作用，共同为实现体育教学目标，合理组合和运用体育场地、器材、手段的活动方式。它不但包括了师生在教学活动中内隐的思想、心理活动，还包括了器材的运用或演示和身体活动方式等。"

从上述各教学研究者和专家对教学方法和体育教学方法两个概念的解释中可以看出，关于两个概念的定义仍然相当模糊。体育教学方法不仅是一个复杂的概念，还具有多层次性，研究者和专家对这两个概念的理解出现多样化的主要原因是每个人观察的角度不同，对教学方法的用途和在教学中发挥作用的认识也就不同。这不但给教学方法的研究带来了困难，同时也给教学方法的选择造成困难。

二、体育教学方法与教学行为之间的关系

教学方法是指教师在进行教学活动中运用的某种技术，教学行为是指教师在教学活动中的行动特征。例如，"体能训练法"是体育教学方法，而"体能训练"则是一种体育教学行为。

（一）教学方法和教学行为的区别和联系

为了帮助更多的体育教学工作者清楚地了解教学方法和教学行为的区别与联系，笔者通过总结多年的教学实践经验和分析相关资料，将两者之间的

区别和联系介绍如下。

1. 合理性上的区别

教学方法是教师掌握的教学技能，一般来说，教学方法除了使用不当，都是合理的、科学的，能够为教学带来一定成效。而教学行为有的是合理的，有的是不合理的，甚至有很多教学行为还是错误的，不利于学生身心发展。

2. 本质上的区别

教学方法是体育教师群体通过自己多年的教学实践总结出来的一种有规律可循的教学技术；教学行为是教师个体在教学中的一种偶然行为，具有随意性。

3. 两者之间的联系

教学行为是教师在教学课堂上所有动作和手段的集合，如某一学科的教师在教学过程中采用多媒体进行教学，然后又通过课堂提问的方式让学生自由阐述自己对某一教学内容的看法。在这个教学过程中，教师选用的每一种教学方法、每一个动作都属于教学行为。由此可见，教学行为是教学方法的表现形式。

（二）对体育教学方法与体育教学行为区分不清的原因

无论是体育教师还是体育研究者，仍存在对体育教学方法与体育教学行为两者之间的区别不是十分了解的情况，出现这种情况的主要原因有以下两点。

1. 体育教学活动的实践性较强

体育教学活动的实践性较强，因此"行为"和"技术"两者之间的区别并不像其他学科那么明显，模糊了体育教学活动与教学行为之间的界限。

2. 现实生活的干扰

随着我国经济水平的不断提高，人们对生活质量的要求也在不断增加，体育锻炼成为人们日常生活中的一部分，再加上体育教学方法与人们日常生活中的一些行为较为接近，甚至没有十分明显的差别，干扰了对两者的区分。

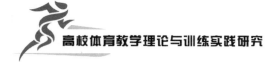

三、体育教学方法的层次

当前，很多体育教学专家和教育工作者对体育教学方法的概念理解混乱的原因还有一个，就是对教学方法的空间界限定位不明，甚至不清楚体育教学方法具体包含哪些内容。其实，体育教学方法是有很多层次的，笔者通过对体育教学的研究和分析，认为体育教学方法主要包括以下三个层次。

（一）教学方略上的层次

教学方略上的层次是体育教学方法中的上位层次，也可以说是体育教学方法的指导思想，是指体育教师对学科专业和教学技能的理性思考、行动研究和实践反思。教学方略主要体现在对单元课程的设计上。例如，在体育教学过程中所采用的发现式教学法，实际上就是一种广义的体育教学方法的组合，是由提问法、组织讨论法、总结归纳法、实地测量法等多种教学手段组合而成的。

（二）教学方法上的层次

教学方法属于体育教学方法的中位层次，也可以称为教学技术，即狭义上的教学方法，指的是体育教师使用的一种主要的教学行为方式。该层次的教学方法主要体现在教学活动中的某一个教学步骤上或者某一种特定的教学活动中。例如，人们常提及的单项训练法就是为了实现某种教学目的而采用的一种具有针对性的教学方法。

（三）教学手段上的层次

教学手段是体育教师为了达到某种教学目的而采取的教学行为，也称体育教学活动中的教学工具，属于传统定义上的教学方法的组成部分，是体育教师在确保教学行为的科学性和目的性的基础上所采用的一种较为有效的行为方式，主要是通过某种教学工具的使用以保证教学方法的效果的实现。在教学活动中，这种教学手段主要体现在某一个具体的教学步骤或者教学环节中，如体育教师在进行教学的时候，采用理论联系实际的教学方法，亲身示范并让学生模仿和学习，就是体育教学的手段。

第二节　高校体育教学方法的发展趋势和设计理念

我国体育教学起步较晚，对体育教学的方法缺乏专业的研究和科学的总结。直到近代体育教育出现以后，体育教学方法才引起教育者的重视，有关体育教学方法的设计理念和选用实施过程的研究才被提上教学研究的日程，并受到体育教学工作者的普遍关注。

一、体育教学方法的发展现状

从体育教学的发展历程可以看出，体育教学方法是随着时代的发展而不断进步的。体育教学方法的主体是体育教学中涉及的一些技术层面和技巧方面的问题，随着科学技术的创新和教学观念的更新，体育教学方法也被逐步完善和优化。目前，体育教学方法的发展主要体现在以下四个方面。

（一）科学技术的不断进步促进了体育教学方法的发展

当前，随着计算机的应用和普及，一些体育动作的规范性不断加强，准确性也在不断提高，且进行体育技术指导更加不受时间和地点的限制，示范性动作播放的速度也可以任意调整，因此体育教学的讲解、示范和展示都发生了质的变化，并促进了教学方法的发展，提高了教学方法的科学性。

（二）体育教学内容的不断优化促进了体育教学方法的改进

教学内容和教学方法是相辅相成的，教学方法的正确运用可以更好地实现教学内容的传递和接收，教学内容的优化使教学方法进一步得到完善和改进。如今，随着人们生活水平的逐渐提高，体育教学也日益受到重视，一些全新的体育教学内容被引入体育教学，因而相应的教学方法也得到了开发和应用，比如野外生存训练课程的引进，使野外活动的组织和教学方法得到开发。由此不难看出，体育教学内容的不断更新，促进了体育教学方法的日益完善。

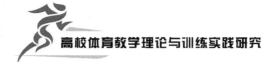

（三）体育教学理论的不断充实促进了体育教学方法的完善

体育教学理论是在近代体育教学中逐渐确立起来的，是保证体育教学科学进行的基础，也是体育教学方法确立的依据。因此，体育教学理论的进展有利于促进体育教学方法的改善。过去的体育教学理论存在一定的缺陷，最为显著的问题就是缺乏针对性分析，在面对多个教学项目时，采取的是"以不变应万变"的措施，但是不同的体育运动项目有着不同的技术要领，随着人们对体育教学方法理论研究的不断深入，类似"领会式教学"的方法就应运而生了。

（四）学生群体的不断变化促进了体育教学方法的改进

信息时代的到来，使学生群体的日常生活发生了显著的变化。例如：随着信息技术的发展，学生接受新知识和新事物的途径越来越广泛；随着电子产品的运用，学生的日常作息规律和生活习惯越来越不同；随着学生思维方式的成熟，他们认识事物和分析问题的程度越来越高。因此，信息化时代下，学生的个性化发展越来越明显，传统的、单一的体育教学方法已经不能满足学生的成长需求，需要推陈出新，不断完善和改进体育教学方法。

二、体育教学方法的发展趋势

虽然较其他学科而言，体育教学起步较晚，发展较慢，但是随着人们认知水平的不断提高，对体育教学的重视程度日益深化，迄今为止，体育已经发展成为一个较为成熟的学科，其教学方法也随着学科的发展而不断发展、完善，并逐渐呈现出了明显的发展趋势。具体来说，其发展趋势主要体现在以下三个方面。

（一）体育教学方法的现代化

随着科学技术的不断进步，体育教学方法也在不断完善和提高，其现代化也随着时代的发展表现得较为明显。体育教学方法的现代化主要体现在体育教学的设备上。为了更直观地向学生展示体育运动的魅力，体育教师会将录像带到体育课堂，借此开阔学生的视野，增长知识。随着计算机应用的普及，各种借助计算机完成的体育课件和体育活动可以将学生对体育学习的感知提升至新的空间。

（二）体育教学方法的心理学化

心理学家表示，任何一种形式的学习都伴随着心理变化的过程，而体育知识和技能的学习与获得更是一个复杂的心理变化过程。因此，在体育教学过程中，对体育教学方法影响较大的学科是学习心理学和体育心理学。为了更好地开展体育教学与体育活动，体育心理学家和运动心理学家运用心理学的研究方法，对学生在运动、学习过程中的心理变化情况进行了探讨，并希望能够将研究得出的结果应用到体育教学方法的改革中。

（三）体育教学方法的个性化

在教学过程中，重视个性化是体育教学方法发展的一大进步，因为任何一种教学方法的实施对象都是学生，而由于学生成长环境、自身条件的不同，其接受能力和学习情况具有较大差异，加之不同学校的教学条件和教学进度存在较大差距，因此体育教学有必要根据实际情况，针对学生的个性化和学校的差异性做出合理调整。现阶段，随着这一教学理念在体育教学中的不断扩散和应用，个性化、民主化的体育教学方法得到了进一步发展。

三、体育教学方法的设计理念

任何一种教学方法的设计都离不开特定的理论指导，做好体育教学方法的理念设计工作也是体育教学的目标之一。任何一种教学方法都有其使用的范围和环境，因此在设计好体育教学方法之后，还要确定其实施的范围和对象，如此才能保证体育教学方法的实用性和科学性，进而提高体育教学的质量。

（一）以语言传递信息为设计理念的体育教学方法

在任何一门学科的教学过程中都要使用到语言，以语言传递信息为设计理念的体育教学方法，实际上就是教师运用口头语言向学生传授有关体育知识和技能的一种教学方法。由于语言是传递信息、进行人际交流的主要工具和途径，因此语言是人们普遍使用的一种沟通方式，也是教师教授学生最重要的一种教学方法。以语言传递信息为设计理念的体育教学方法主要分为讲解法、问答法和讨论法。

1. 讲解法

讲解法是指在体育教学过程中，教师运用一些简单、生动的口头语言向学生讲授体育运动相关知识的一种方法。有效运用讲解法，不仅能让学生在较短的时间内迅速掌握体育相关的知识和技能，还有助于对学生进行思想道德教育，建立学生自主参与体育运动的意识。

由于语言无处不在，语言的魅力更是不可小觑，讲解法自然而然成为体育教学中普遍使用的一种教学方法。讲解法可以说是体育教学的基础，任何一种体育教学方法的实施都离不开讲解法的运用。同时，体育教学又是一个实践性较强的学科，在教学过程中，不能盲目地使用该教学方法，而是要学会结合体育运动项目及其技能的特点进行实际操作的讲解。因此，在体育教学过程中，教师应该做到"精讲"，并且将讲解带到实践中去，这样才能实现教学目标，达到较好的教学效果。

2. 问答法

问答法历史悠久，行之有效，也是一种人们广泛推崇并应用的体育教学方法。问答法的优点是便于培养学生的发散思维，能够在问答的过程中培养学生思考问题的能力，提高学生的语言表达能力。在运用问答法进行体育教学时，应该注意以下三点：第一，尽量采用简短的语言进行问答；第二，在问答的过程中，不要给学生过长的时间进行思考或交流讨论；第三，将问答设定在技能教学的开始和结束，作用会更加明显。

除此之外，在使用问答法进行教学的时候，还应该注意提问的引导性，一般来说，提的第一个问题与体育教学知识和内容是没有太大关系的，主要目的是引起学生的注意。紧接着第二个问题则旨在引导学生进行思考，如"想想你们的动作和老师的动作有什么不一样？"这种具有辨别性和归纳性的问题，能够引发学生对体育技能动作的思考。第三个问题通常属于价值判断和归纳性的问题，但是它比之前的问题更能引起学生深入性的思考。例如，"谁来回答一下，他的示范动作好吗？好在哪里？又有哪些不足？"这样逐层深入的提问，能够引导、帮助学生由浅入深、由表及里地思考问题。

3. 讨论法

相较讲解法和问答法，讨论法的自由度更大。讨论法主要是在体育教师的指导下，以班级或小组为单位，围绕教材的中心问题进行讨论，让学生自由讲述自己的观点和意见。由于在讨论的过程中学生能够自由发挥自身才能，因此讨论法比其他方法更能促进学生积极、主动地参加体育锻炼与学习活动，更有利于增强学生的团队合作精神和集体主义精神。值得注意的是，讨论法虽然能够调节课堂的气氛，调动学生的学习热情，但是如果讨论的自由度过大，教师就很难掌控局面，从而难以保证教学效果与教学质量。因此，在讨论的过程中，体育教师应该适时参与其中，并对学生的讨论内容与讨论方向加以引导，以确保充分发挥讨论法的积极作用，及时消除讨论法的消极影响。

（二）以直接感知为设计理念的体育教学方法

以直接感知为设计理念的体育教学方法是体育教学中普遍使用的教学方法，通过教师对某种体育技能的演示和直观表达，学生借助身体的感观获得体育教学相关的知识和技术。这种教学方法因为具有直观性，而且便于学生接受和掌握，所以在体育教学中颇受欢迎。

根据对体育教学方法的研究，可将以直接感知为设计理念的体育教学方法分为动作示范法、演示法、纠正错误动作与帮助法等。

1. 动作示范法

动作示范法是教师在对学生教授某种技术时，为了能让学生清楚地了解技术的要领，以自身完成的动作为示范，给学生提供参考的方法。动作示范法较为直观地向学生展示了体育动作的特点、动作特征和技术要领等，具有非常独特的作用，而且教师优美的动作能激发学生的学习兴趣。

教师使用动作示范法进行教学的时候，要注意以下两点：第一，任何一种动作示范都要具有明确的目的性，应当根据体育教学的实际需要进行动作示范。第二，应做到正确、美观。正确是指教师在进行动作示范时，要严格按照教学的技术规范和要求完成，以保证学生正确地认识动作特征；美观是指动作要能引起学生的兴趣，从而激发学生的主观能动性。

2. 演示法

演示法是近几年来体育教学中普遍使用的一种教学方法，是教师在体育教学过程中通过各种直观教具的展示，让学生获得对技术和知识的感性认识的一种方法。这种教学方法主要用于教授某些通过示范无法达到预期效果的知识和技术，以使教学取得预期的效果。演示法能够让教学与生活实际相联系，增加学习某种技术和知识的直观性，便于学生接受和学习，而且能激发学生的学习兴趣，便于学生了解和掌握所学知识。因此，对体育教学而言，演示法是一种十分重要的教学方法。

教师在使用演示法进行教学的时候应该注意如下两点：第一，要注意所演示动作的实际性。演示法教学最终的目的是让学生更详细地掌握教师所教授的知识和技术，因此要结合体育教学实际进行。第二，要结合各种先进教具进行演示。计算机的普及和使用为体育教学提供了便利，同时也为演示法的实现提供了更多载体，这样既能激发学生的兴趣，也能保证演示的效果。

3. 纠正错误动作与帮助法

纠正错误动作与帮助法是体育教学过程中体育教师为了纠正学生的一些错误动作而采用的教学方法。众所周知，体育教学具有很强的实践性，在教学过程中，由于体育活动和项目的动作较为复杂，再加上学生缺乏经验，难免会有一些错误动作出现。这个时候就需要教师对学生的动作进行及时的纠正，加深学生的印象，从而提高教学的质量。

在使用此方法时应注意的事项如下：第一，切勿挖苦学生。在指出学生错误之时，首先应该肯定学生的进步，然后用较为委婉的语气对学生进行错误动作的指导和纠正。这种纠正错误的教学方法更有利于学生接受，同时还能够鼓励学生不断提升自己的专业知识和技能，同时也不会打击学生的信心。第二，把纠正的重点放在主要错误动作上。其实有很多错误都是由主要的错误动作引起的，纠正主要的错误动作能够带动整体动作的规范。第三，要有针对性地进行纠错。每一个错误动作的产生，都是由一个特定的原因造成的，只有根据这一特定的原因进行正确的引导，才能杜绝错误动作的出现。

（三）以身体练习为主要设计理念的体育教学方法

以身体练习为主要设计理念的体育教学方法，是指让学生通过身体锻炼、练习及技能的学习掌握和巩固某种运动技能的方法。因为体育教学的本质就是以学生的实践活动为主要特征的教学，所以以身体练习为主的教学是开展体育教学的主要方法和形式，也是教师进行知识和技能传递的主要手段。在体育教学实践中，以身体练习为主要设计理念的体育教学方法有分解练习法、完整练习法和领会练习法等。

1. 分解练习法

分解练习法是将原本复杂的动作分解成几个部分，然后针对每一个部分进行针对性体育练习的方法。这种教学方法将技术的难度适度降低，便于学生掌握和学习，同时也提高了学生在学习中的自信。在使用这种方法进行教学的时候，首先应该保证分解步骤的合理性和科学性，使分解步骤能够连贯整体动作，其次还要保证分解动作的连续性有利于学生掌握整体动作。例如，在进行篮球教学的时候，教师会教授学生传球、投篮、运球等动作，这样能够将复杂的活动具体化、简单化。

2. 完整练习法

完整练习法是指在整个运动项目传授的过程中，直接对整套动作进行完整的练习。完整练习法能够保证体育动作的完整性和连续性，易于学生在脑海中形成完整的动作概念，适用于较为简单的运动项目，如仰卧起坐、跑步、扎马步等运动。

在使用此方法进行体育教学的时候，应该考虑学生的接受能力。在教学之前，体育教师要进行实验和示范，并加以必要的语言描述，对重点内容进行讲解。同时，注意开发各种辅助性的练习，这样能不断完善教学效果，提高教学质量。

3. 领会练习法

领会练习法是通过简单明了的语言、文字、图片或者视频，让学生对某一项运动有一个概括性的认识。这种教学方法可以使学生从体育教学的一开始就对教学动作有一定的认识，有利于培养学生在运动方面的知识和技能，提高学生的学习兴趣，激发学生的主观能动性。

教师在选用这种教学方法的时候，应该从项目的整体特征入手，然后引导学生对此项目进行具体的练习，最后回到整体的认识和训练中去，同时，教师应该注意培养学生的战术意识，使战术意识贯穿于整个教学始末。例如，在对学生进行排球比赛相关规则的讲解和技术的讲授时，首先让学生观看某场伴有现场解说的排球比赛，视频和文字介绍能让学生领会到比赛的规则，通过观看现场比赛，可以让学生领会排球比赛战术和某一技能的重点。

第三节　高校体育教学方法的影响因素

正确的体育教学方法不仅是确保体育教学有序开展的基础因素，更是提高体育教学效率和质量的关键因素，在整个教学过程中有着不可替代的重要作用。因此，教师需要做到精心设计、合理选用和科学实施体育教学方法。同时，体育教学方法并不是一成不变的，而是有很多的影响因素，研究体育教学方法的影响因素，能够为体育教学方法的设计、选用和实施提供更多的参考依据。

由于各个影响因素对体育教学方法的选择和实施都产生了一定的影响，因此从某种程度上而言，它们决定了体育教学方法的发展。笔者根据多年来对体育教学方法的研究，将体育教学方法的影响因素总结为以下七点。

一、教学目标与教学任务

教学目标是体育教学的起点和重点，教学任务是实现教学目标的基础和保障，教学方法是完成教学任务的条件和媒介。因此，无论是体育教学方法的设计还是选择，都离不开教学目标和教学任务的指导，再加上不同的教学目标和任务对学生的要求不同，教学工作者应当根据这种要求设计具有针对性的教学方法。一般来说，体育教学目标可分为认知、情感和技术动作这三个方面，每个方面的教学又可以根据对知识和技能要求的不同分为若干个层次，不同的层次需要学生掌握的内容和对学生的要求不尽相同，因此所需要的教学方法也就有所不同。例如：如果某一教学目标强调的是"培养学生对某种运动的理论了解"，那么体育教师就可以选用讲解法进行教学；如果某一教学目标强调的是"提高学生某种运动的技能"，那么就应该选择一些以实际操作为主的教学方法。因此，教学目标也是影响教学方法的因素之一。

总的来说，体育教师要对教学内容进行深入的研究和分析，掌握每一种教学方法所对应的知识和技能，同时还要能够将教学中抽象、宏观的教学目标转变成实际可操作的、具体的教学目标，并能清楚地知道何时选择何种教学方法最有效。

以篮球教学为例，如果教师将某一课时的教学目标定为"培养学生的运球能力"，那么在本节课的教学过程中，教师就应根据篮球运球的特点、要求设计教学方法。因为篮球运球技术的培养和获得并没有任何的捷径，所以教师应首先对运球的动作要领和要求进行讲解，然后通过几次示范，让学生能够简单地了解运球的技巧和要领，并通过反复练习和教师的不断纠正，提高学生的篮球运球能力，从而促进教学目标的达成。

二、教学内容的特点

教学内容是体育教学的重要参考，也是体育教学方法的服务对象之一。不同课程及科目的教学内容不同，其教学任务也就存在明显的差异，所需要的教学方法也会有所不同。由此可见，教学内容的特点是教学方法选择和实施的参考依据，如某一体育教师在进行体操课程的教学时，就需要根据体操对学生身体特点的要求和体操运动所需要的场地、器材、目标来选择适当的教学方法。

每一种教学内容都有其相适宜的教学方法，如果需要学生掌握的教学内容是一些纯理论性的知识，如体育教学的发展历史、体育教学的起源等，就可以选择讲解法进行教学，或者借助多媒体教具，通过图片或者动画的形式向学生展示体育相关的理论知识。如果所教学的内容是些技术性较强的知识，那么就需要运用分解练习法进行教学，如篮球、足球、乒乓球等，而且由于

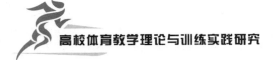

此类运动具有群体性，应该采取小组教学的方式进行。

综上所述，教师要认真研究教学内容，把握各个教学方法的适用范围和效果，然后结合具体教学内容的特点选择合适的教学方法。

三、学生的身心发展状况

体育教学贯穿学生的整个学习过程，具有持久性，而且学生的成长和身心发展状况主要包括学生现有的知识水平、智力发展水平、学习动机状态、心理发展的年龄阶段及特征、认知方式与学习习惯等，因此学生的身心发展状况对体育教学会产生一定的影响。心理学研究和教学实践都表明，学生的身心发展状况与教学之间相互作用。所以，教学过程中教学方法的选择受到学生的个性心理特征和他们所具有的基础知识水平的限制。不同年龄阶段的不同年级的学生，或者同一年级的不同学生，对某种教学方法的适应性可能会有明显的差异，这就要求教师能够科学准确地分析学生的上述特点，有针对性地选择和运用相应的教学方法，使学生在学习知识、掌握技能的同时，身心得到健康发展。

教师在对学生进行增强体质训练的时候，面对的是全体学生，由于任何个体的成长发育都具有阶段性，如果在进行训练的时候对各个阶段的学生所采用的均是同一种训练方法，那么就有可能导致有些阶段的学生无法完成。例如：抛铅球的练习中，高年级的学生能够轻而易举地将铅球举起，但是低年级的学生则有些困难；而丢手绢、捉迷藏等一些简单的体育游戏，适于在低年级学生中进行，身心发展相对成熟的高年级学生就不适宜参与。

四、教师自身的素养

教师是体育教学中的主导者，承担着帮助学生培养身体素质和综合素质的使命，并有指导学生科学学习体育教学相关知识的责任，因此教师自身的素养直接影响着教学方法的选用和实施，从而影响体育教学的质量。通过对教学方法的研究及教学经验的积累分析，笔者认为教师的素养主要包括学科知识、组织能力、思维品质和教学能力。教师在教学过程中，除了要关注学生的实际情况，还要不断提高自身的素养和专业水平，这样才能根据自己的优势，选择适合自己的教学方法，并不断创新教学方法，逐步提升自己的教学水平，这也是提高教学质量的关键。若某一教师缺乏实践教学的经验，并且在教学的组织上存在严重的缺陷，则无法保证课堂教学的效果，也无法正确引导学生进行相关知识的学习，无法保证教学方法的实施。

如果让一名从没有接触过篮球运动的教师向学生传授一些篮球运动的相关知识和技能，那么无论是在教学方法的选择还是实施的过程中，该教师都会产生一种无从下手的感觉，甚至不能正确选择体育教学方法，即使能够选择出适用于该运动的教学方法，也会因为自身经验的欠缺，导致教学的过程无法按照预期进行。再如，在进行游泳运动教学的时候，教师首先要对学生进行游泳要领的讲解，然后进行示范性教学，但是如果这名教师不会游泳，就无法保证这种教学方法的教学效果和质量。

五、教学方法本身的特性

教学方法虽然是保证教学质量的关键，但是没有一种教学方法是万能的。每一种教学方法都有与其相适应的人群和所适用的环境和条件，离开这种环境和条件，这种教学方法将无法充分发挥其作用。简单来说，教学方法只在特定的环境和特定的内容中才表现出亲和性和功能性，而且不同的教学方法对教学设备、教学对象和学生的身心发展特点等方面均有影响。教学方法本身就是一种多因素的有机组合，既存在促进的关系，也存在矛盾的关系，这些多因素同时也决定了每一种教学方法都有其相适应的范围和条件。

通过上面的文字叙述，能清楚地了解到教学方法本身所具有的特性，也是影响教学方法的因素之一。例如，在进行教学的过程中，采用因材施教的教学方法进行教学，首先应该清楚学生的特点、教学内容的特点，这是此教学方法的主要要求。由于这种教学方法较为耗费人力、物力，如果教学对象群体较为庞大，此种教学方法就不适用。

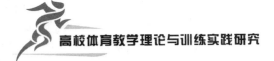

六、教学环境的要求

教学环境是教学实施的基本条件，也是保证教学正常进行的前提。任何一种教学方法都是在教学环境下产生和实施的，因此教学环境是教学方法产生的土壤，也是教学方法赖以生存的养料。教学环境包括教学硬件设备设施（教学器材和一些辅助仪器、教学所需的资料和书籍）、教学空间条件（包括教学场地、实践场地）和教学所需的时间。有利的教学环境会对教学起到一定的促进作用，反之则会起到阻碍作用。因此，在进行教学的时候，要进一步开拓教学方法的适用范围，提升预期效果。只有这样，教师在选用教学方法的时候，才能最大限度地利用教学环境，不断提升教学质量。

通过上面的文字介绍可知，教学环境也是影响教学方法的因素之一，如对一个相对落后且没有足够教学场地的学校而言，在进行篮球、足球和乒乓球教学时，由于缺乏相关设备，就无法采取示范法进行教学。

七、体育教学的指导思想

体育教学方法的核心在于体育教学的指导思想，有什么样的指导思想就会产生什么样的教学方法。体育教学方法的选择不仅取决于对教学理论的了解程度，还取决于已经形成的教学指导思想的时代性和科学性。

教学方法的选择并不是一个简单的过程，它涉及很多因素。虽然教学方法是以教学活动中的很多因素为基本准则确定的，但它并不是死板的、教条的，也不是一成不变的。在对学校教育和教学的研究中可以看到，使用教学方法的目的就是借助这些方法实现教学目标。例如，某一个经济条件特别落后的学校，没有专业的教学设备和设施，并且也没有足够宽敞的室外场地，那么该学校就无法开展诸如足球、篮球等对教学场地和教学设备设施要求较为严格的体育运动。由此可见，体育教学是一种对实践性要求极为严格的教学，也是一种相对复杂的学科，因此在选用教学方法的时候，要根据教学中所涉及的各种因素，选择合理的教学方法。

第四节　高校体育教学方法的选择和运用

体育教学方法的正确选用是体育教师提高教学质量的关键因素。因此，体育教学方法的选择和运用备受关注，成为每一名体育教学工作者不可回避的问题。

一、合理选用体育教学方法的意义

目前，就体育教学而言，体育教学方法是十分丰富的，再加上随着体育教学改革的不断深入，很多新的体育教学方法被不断开发出来。因而，在实际的体育教学中，体育教师能否正确地、有针对性地选择合适的体育教学方法，是衡量教学质量好坏的重要因素，同时选择合适的体育教学方法也是提高体育教学质量的基础。

为了保证教学的质量，身处教学一线的体育教师要根据体育教学的目标和各种教学因素，选择合理的体育教学方法，并在对教学过程中所涉及的各种因素进行认真研究的基础上，对所选择的教学方法进行合理的组合，这样才能不断提高体育教学的质量。

教学方法是教师在进行体育教学时的手段，从这种观点上看，体育教学方法是教师行使教育权利和履行教育义务的工具。"磨刀不误砍柴工"，工具的选择决定了教学的质量。所以，每一名体育教师不仅要学会各种体育教学方法，还要具备在工作实践中科学、正确地选择和应用教学方法的能力，这样才能够真正提高体育教学质量，更出色地完成体育教学任务。

二、选择体育教学方法的依据

体育教学方法的选择一直都是体育教学中的难点，因此每一名体育教师都应该具备选择合理的体育教学方法的能力。再加上每一种教学内容都有与其相对应的教学方法，每一种教学方法对其教学环境和主体都有着不同的要求，因此要结合各方面的因素对教学方法进行合理的选择和应用。笔者结合

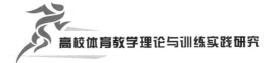

自己多年的教学经验，认为体育教学方法的选择有以下六种依据。

（一）根据体育课程的教学目的和教学任务选择教学方法

不同的体育课程，其各自的教学目的和教学任务要求采用不同的体育教学方法，因此体育课程的教学目的和教学任务是选择体育教学方法的依据之一。如果向学生介绍一些体育运动项目的知识和要求，就可以选择一般教学所用到的讲解法；如果教授学生一些运动的技巧和方法，就需要用到动作示范法和演示法；如果需要学生进行锻炼或是练习的课程，就可以使用练习法；如果为了提高学生的交际能力，就可以使用讨论法；如果想提高学生的竞争意识，就需要多使用比赛的方法。由此可见，在进行教学方法的选择时，应该将体育课程的教学目的和教学任务作为体育教学方法的选择依据。

（二）根据体育教学内容的特点选择教学方法

在数学教学过程中，不同类型的题目需要采取不同的解题方法。体育教学也是一样，不同类型的体育教学内容也需要采取不同的体育教学方法。在进行器械的基本操作教学时，应该使用分解教学法；在进行类似于游泳、滑冰等技术和技能动作的讲授时，所采用的也是分解教学法；进行诸如跑步、投掷、跳跃等连贯性要求较强且动作发生较为短暂的运动项目的教学时，需要采用完整教学法；而在一些对技术要求较为严格的球类运动项目的教学时，则需要使用领会教学法；对于锻炼性较强的体育项目，则需要使用循环教学法。因此，体育教师要在仔细分析教材的基础上，根据体育教学的性质和相关的教学特点创造性地选择体育教学方法。

（三）根据学生的实际情况选择教学方法

选择和使用体育教学方法的根本目的就是帮助学生更好地学习，促进体育教学目标的顺利完成，它不仅仅是体育教师在教学过程中的"展示"。因此，体育教学方法侧重的不是教师，而是学生学习的效果和对知识的掌握情况。因此，在选择教学方法时，要看教学方法是否符合学生的发展特点，是否有利于学生的理解和接受，具体考虑学生的年龄、身体状况、智力和学习能力等，从学生发展的实际和学生的身体状况出发，选择最符合学生实际情况、最能促进学生对教学技能掌握的教学方法。

（四）根据教师自身的情况选择教学方法

教师是教学方法的实施者，任何一种教学方法只有在与教师的自身特点紧密结合时，才能取得理想的效果。有的教学方法虽然能够产生很好的教学效果，但是如果教师的自身素质较低，无法很好地驾驭，也不能有效提高体育教学质量。因此，教师的自身素养对体育教学方法也有较大影响。例如：有的教师思维能力和语言表达能力较强，就应该多使用生动的语言描述体育教学的现状和问题；运动技能较强的体育教师，就可以多采用一些演示和示范性的教学方法，在传授教学内容的同时，提高学生的学习兴趣，从而让学生更好地理解体育知识和技能。

（五）根据教学方法的适用范围选择教学方法

体育教学方法十分丰富，每一种体育教学方法都有其自身的特点，有其所适用的范围和条件。在教学过程中，教师对每一种教学方法的功能和适用范围是否具有深刻的了解、教学方法所需的条件是否具备等都会影响教学效果。例如，领会教学法适用于对高年级的学生进行教学，而不适用于对低年级的学生进行教学，因为高年级学生的认知能力已经趋于成熟，而低年级学生的认知能力和思维能力都尚未充分发展。由此可见，在教学过程中，应该根据教学方法的适用范围选择合理的教学方法。

（六）根据教学时间和效率选择教学方法

每一种教学任务的教学时间和效率是不同的。例如：实践法比讲解法花费时间；分解教学法比完整教学法更花费时间；针对一些技能和技术问题时，实践法比讲解法的效率更高。所以，在选择教学方法时，也要相应地考虑每一种教学方法教学时间的长短和效率的高低。一种合适的教学方法应该保证时间和效率的完美结合，能保证在规定的时间内完成指定的教学任务，并取得理想的教学效果。这就要求体育教师要对体育教学的方法有着全面的掌握和了解，从而选择一些既省时又有效的教学方法，以达到教学效果的最优化。

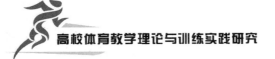

三、体育教学方法选择和应用的原则

体育教学方法作为体育教师在教学过程中的工具，发挥着非常重要的作用。再加上新课标对体育教学的要求，体育教学方法受到越来越多体育教学工作者的重视。但是体育教学方法的选择并不是盲目的，笔者通过对体育教学的研究得出，体育教学方法的选择和应用应该严格遵守以下四项基本原则。

（一）目标性

教学方法是为实现教学目标而服务的，教学目标为教学方法的选择提供参考依据，教学方法又促进了教学目标的实现。因此，在进行教学方法的选择和运用时，一定要保证教学方法的目标性。首先，应该清楚其教学目标是什么；其次，思考如何才能应用这种教学方法完成教学目标。只有保证教学方法具有目标性，才能保证教学的质量，顺利完成教学任务。

（二）有效性

在选择教学方法的时候，还要考虑其完成教学目标的有效性，实际上就是指利用这种教学方法提高教学质量，顺利完成教学目标的可能性。有些教学方法由于其步骤较为复杂，所花费的时间过长，就会对其他的教学内容造成干扰，降低教学的效率，那么这种教学方法就失去了在教学中的有效性，不利于教学活动的顺利进行。例如，教师在指导学生进行跑步训练时，采用的是多媒体教学和实践训练相结合的教学方法，但是由于跑步是一项较为简单的运动，仅仅需要理论结合实践的教学方法就能完成，不需要采用多媒体教学，因此采用多媒体教学和实践训练相结合的教学方法就会降低教学的有效性。

（三）适宜性

每一种体育教学方法都有与其相适应的教学环境和对象群体。所谓的适宜性可以分为两个方面进行论述：一是指教学方法与学生之间的适宜性，主要指教学方法是否符合学生身心发展的特点；二是指教学方法与教师之间的适宜性，每一种教学方法对教师的自身素质都有要求，只有两者相适应，才能最大限度地发挥教学的优势。例如，在对低年级的学生进行教学的时候，就应该选择一些与该学段学生的认知能力和身体发展状况贴合较为紧密的教学方法，如讲解法、动作示范法等。

（四）多样化

体育是一门较为复杂的学科，体育教学方法也十分丰富，每种教学方法都有其相对应的功能和作用，只有多种方法相互结合才能发挥体育教学的优势。多样化的教学方法不仅可以让体育课堂更加生动和丰满，还能调节课堂的气氛，激发学生的学习热情和主观能动性，使学生集中注意力，实现教学效果，提高教学质量。

以上四种体育教学方法选择的基本原则，是笔者根据体育教学的特点和对体育教学的多年研究总结出来的，是选择体育教学方法、提高体育教学质量的基础。

第五章　高校体育教学模式

第一节　高校体育教学模式现状及其发展趋势

进入 21 世纪以来，随着我国高等教育改革的不断推进，高校体育教学模式也成为研究者研究高校体育教学的热点问题之一，被给予较大的关注。因此，探讨当前我国高校体育教学模式的现状，并在此基础上分析我国高校体育教学模式的发展趋势，符合当前我国高校体育教学改革的理论需要和实践需要。

一、高校体育教学模式的基本概念

高校体育教学模式是在高校体育教学理论和教学思想的指导下，在体育教学实践中形成的相对稳定的教学活动的一套相对标准化的结构模式，是体育教学理论和体育教学实践的桥梁，具有明确的指向性、操作性、完整性、稳定性及开放性等特点，由现代体育教学思想、体育教学目标、实际的操作程序、实现条件（教学内容、教学手段、教学环境等）及教学评价组成，是实现高校体育教学目标的重要载体。

二、当前我国高校体育教学模式的现状

（一）当前我国高校体育教学的基本模式

我国高校体育教学在长期的发展过程中逐渐形成了多元化的教学模式，各种教学模式在高校体育教学中发挥了巨大的作用。当前，我国高校体育教学中使用得较为普遍的教学模式主要有以下五种。

1. "三基型"教学模式

"三基型"教学模式是我国高校体育教学的传统教学模式之一，在我国高校体育教学中拥有较为悠久的历史。所谓"三基型"教学模式，即在体育教学过程中注重对学生进行基本体育知识、基本技术和基本技能的培养，以班级为单位进行授课。教师的主导作用得以充分发挥，学生能够获得较为扎

实的体育知识，并获得相应的体育技能，有利于体育教学活动的有效开展。但是其缺陷也是十分明显的，那就是学生在教学活动过程中的主体性地位被严重忽视，学生的学习热情和积极性不高。随着我国高校体育教学改革中对学生主体性地位的重新认识和重视，这种教学模式事实上已经退出我国高校体育教学的日常教学模式。

2. "三段式"教学模式

"三段式"教学模式是为了消除"三基型"教学模式的弊端而发展起来的，主要将大学阶段的体育教学分为基础课、核心课及专业选修课三阶段，并且在一年级、二年级，以及三、四年级分别进行，这就在一定程度上对学生的主体性地位予以了尊重，既重视了对学生基本体育知识的传授，又在此基础上培养学生的体育技能和良好的体育习惯及能力等，在"三基型"教学模式的基础上有所提高，但是其本质上仍然是"三基型"教学模式的升级版，并未从根本上对学生学习的主体性予以尊重和重视，但其目前仍然是高校体育教学的主力教学模式。

3. "一体化"教学模式

"一体化"教学模式是近年来出现的新的体育教学模式，主要目标是通过高校体育课程培养学生良好的体育意识、体育习惯，将学生的日常体育活动如早操、课间操及体育课堂等联系起来，是一种较为理想的教学模式。但是其对教师的要求较高，尤其是对体育教师进行教学组织、课堂管理的能力的要求过高，使教师的教学任务过重，在实际教学中难以真正开展实施。

4. "并列型"教学模式

"并列型"教学模式打破了以往高校体育教学中将基础课程和选修课程按年级分开进行的做法，而是将这两种课程在一年级和二年级同时进行，有助于提高学生对体育教学的热情和积极性，有助于课堂质量的提高，能够有效开展因材施教的体育教学，但是却在一定程度上忽视了学生基本体育知识和技能的养成，高校体育教学中最基础的教学目标难以达成。

5. "俱乐部"教学模式

"俱乐部"教学模式是当前少数高校在体育教学中使用的教学模式，是在"终身教育"思想的指导下，由学生按照兴趣或者特长来选择不同的体育俱乐部，各个俱乐部在教师的指导下独自开展活动，最后由教师分别进行评定。这种模式无疑有利于提高学生对体育课堂的热情和积极性，对学生养成基本的体育技能、体育意识和良好的体育习惯等大有裨益，同时还可大大促进学生之间的交际和社会性发展，可以说是一种最理想的体育教学模式。但是目前这种教学模式还处于试验阶段，其教学模式、组织形式、评定方式等还未有统一定论，同时其对教师的组织、管理及教学设施等多有较高的要求，在我国大部分普通高校中较难顺利开展。

（二）当前我国高校体育教学模式的基本现状

1. 高校体育教学模式在各种内外力的推动下需要适时进行改进

随着我国高等教育改革实施的不断深入，高校体育教学的改革也已进入新的阶段，各种新的教学思想、教学理论纷纷进入高校体育教学中，推动着作为体育教学重要载体的体育教学模式进行不断的改革。同时，高校体育教学发展过程中存在的问题、学生对体育教学质量的新的要求等也不断对高校体育教学模式的改革施加着新的动力，这些都要求高校体育教学模式必须加快改革步伐，以对新的改革要求做出积极回应。

2. 高校体育教学模式存在多样化，并将在一定时期内继续存在

从以上分析可以看到，当前我国高校体育教学模式存在着多样化的特点，体育教学中存在着多种教学模式，这主要是由我国高校众多且高校层次、种类等的不同造成的。随着我国高校体育教学模式改革步伐的不断推进，高校体育教学模式也将快速走向科学化，但是这种多元化的教学模式格局仍将长期存在，高校体育教学模式的探索道路依然漫长。

三、体育教学模式实施中存在的问题

（一）学生主体地位得不到充分体现

教学是一个双向的活动，在这一活动中，教师是主导，学生是主体。在高校体育教学中，课堂应该是学生的，学生应该充分发挥他们的主体地位，教学活动的设计应该围绕提升学生主体性和主动性，以促进学生的全面发展。

"以学生为本"或"以学生为主体"不是一句空话和口号，教师应切实为实现这一思想做足准备。在备课时要做到备教材、备学生、备场地，考虑好学生的兴趣爱好，以及心理、生理状况，设计教材内容必须符合学生的学情。教学模式是为教学服务的，教学模式的运用必须考虑到教学效果和学生的实际接受情况。目前，高校体育教学模式的运用不能很好地体现学生的主体地位，不能很好地适应学生的兴趣爱好和接受能力，备课不充分、不全面，久而久之，学生的学习积极性严重受挫，影响教学质量。

（二）教学内容陈旧

目前，我国大部分学生学的都是篮球、足球、排球、田径等竞技项目，练习也是模仿运动员的训练方法，把学生当运动员训练，这种把体育训练和体育教学的概念搞混的行为，会影响对教学内容的选取。教师要满足学生不同兴趣爱好的需求，开设更加全面的教学内容，把体育课上成学生愉悦身心的游乐场，把体育的娱乐性、多样性、群众性、健康性挖掘出来并统一起来，把学生的思维活跃性、创造力、想象力调动起来，在新课标的指引下开创体育教学新内容。

（三）现行的体育教学模式的实践性较差

在实际的操作过程中，现行的体育教学模式的实践性比较差，大部分体育教师和学生的专业水平，还有现有的教学用具等，都无法与体育教学模式相适应，教学模式所体现的作用和要实现的目标也就无法顺利实现。

（四）不注重大学生的身心特点

大学生正处于青春洋溢的年龄段，现代的大学生思想比较开放，对新鲜事物有着强烈的好奇心，并且大学生大都已经是成年人，自我意识和独立观念较强。但是现在高校的体育教师在教学时不重视大学生的年龄特点及心理特点，还是采用原先的教学模式，使大学生的学习兴趣大大降低，因而体育教学的效率也就大打折扣。

（五）大学生自身学习态度差、不够积极

大学生自身学习的主观能动性很大程度上决定学习效果，也就是说态度决定一切。在学习中，学生是学习的主体，由于各种客观原因，大部分大学生对体育兴趣淡化，久而久之对体育课产生反感，觉得上体育课就应该放任自己自由活动，这种恶性循环导致他们对体育课产生了偏见，忽视了体育的教育功能。

四、高校体育教学模式的发展趋势

（一）培养大学生的体育健康意识

现阶段，人们生活水平虽然大大提高，可是身体素质却在下降，我国已经提出了"全民健身"的口号，人们对健康生活越来越向往，因此对体育运动也越来越重视。然而，不科学、不合理的体育运动反而会损害人的健康。所以，体育教师在上课的过程中一定要依据每名学生的不同身体素质进行教学，使体育运动符合学习的实际情况，从而促进学生身体素质的提高。除此之外，在体育教学过程中，体育教师还要重视学生的心理健康，适当对学生进行成功教育与挫折教育，提高学生的心理承受能力，使其不仅能够身心健康发展，还能够符合国家发展的需求。

（二）创新教学理念

教学改革，理念先行。一方面，要积极学习新的教学理念，把新的教学理念学懂、弄通、用好；另一方面，要切实认识到旧的教学理念的弊端给学生带来的伤害，特别是要摒弃"填鸭式""一刀切""满堂灌"的教学方式，积极采用学生主体、教师主导、因材施教、探究学习等新的教学方法，努力调动学生自身学习的积极性、主动性，使素质教育提倡的"面向全体学生，促进学生全面发展"的教学理念落到实处。

（三）创新教学手段、方法

现代化教学手段有利于激发学生的学习兴趣，提高学生学习效率。电化教育手段在现代化的今天应该被充分利用起来，它可以使体育运动技术的学习更直观形象，并且精彩赛事的播放更有利于提高学生的体育运动欣赏水平。此外，教学方法应该与时俱进，教师应采用培养学生创新能力的教学方法，发现法就是其中的一个，在教师循循善诱的情况下，学生主动进行思考，之后教师再给出答案，不能把现成的答案直接告诉学生，如果直接给出答案的话教学效果比较差。再就是小组合作学习法，教师把一个班的学生分成几个小组，在分组练习环节学生在小组长的安排下自主练习，互相讨论，互相学习，互相帮助，既能调动学生自身学习的主动性，又能培养学生发散思维，从而潜移默化地培养学生的创新能力。

（四）适当融入娱乐体育的观念

现阶段，体育运动正如火如荼地发展，体育运动的娱乐功能逐渐显露出来，并且体育运动也逐渐融入普通家庭的生活当中。现在，体育运动不仅能够强身健体，还可以娱乐身心，这表明人们对体育运动的认识在逐渐深入。高校体育课程也可以跟随时代潮流的发展，除了传统的体育项目如田径、球类运动，体育教师还可以在体育课堂中加入新的体育项目，丰富高校体育课堂的内容，促进大学生的全面发展。

（五）高校体育教学评价要注重科学与民主

进行高校体育教学改革，不仅要改革教学内容和教学方法，还要改革教学评价。新的高校体育教学评价要充分重视学生的主体地位，降低结果性评价的比重，增加教学过程中的评价比例。除此之外，评价标准不可以一刀切，要依据不同年龄、不同学科、不同身体素质等具体特点去选择不同的评价方法。

综上所述，高校体育教学对于学生的身心健康发展起着非常重要的作用，因此高校体育教师必须重视现阶段我国高校体育教学模式中出现的问题，发现问题并解决问题，促进我国高校体育教学的健康发展，促进学生身心健康的发展。

第二节　多媒体网络教学模式的应用

一、多媒体网络教学的内涵及特点

随着社会的进步，近些年多媒体技术发展迅猛，因其显而易见的优点日益引起人们的广泛关注和使用。利用多媒体网络技术进行课堂教学即为多媒体网络教学，其直观、形象等诸多优点为教学开创了一片新天地。但它绝不是万能的，且凡事有利就有弊，要客观地认识它并对其加以合理运用，否则它就会变成一把双刃剑。

（一）多媒体网络技术的内涵

多媒体（multimedia）是指与计算机控制有关的领域，该领域包括文本、图形、静态和动态的图像、动画，以及任何能够将各种类型的信息数字化再现、储存和处理的其他媒体。网络（network）是指将地理位置不同且有独立功能的多个计算机系统，通过通信设备和通信线路连接起来，在网络软件的支持下实现彼此之间的数据通信和资源共享的系统，即计算机网络。多媒体网络环境指的是在广域网（wide area network）中可以对文本、图形、图像、动画、音乐、声音等各种信息进行处理和组合的数字化环境。

（二）多媒体网络教学的优点

1.直观性

能突破视觉的限制，多方位地观察对象，并能够根据需要突出要点，有助于理解和掌握。如高等职业学校的机器设备课，当某些设备无法看到内部构造时，可以制作或下载相应的课件，给学生演示，增强感性认识，提高教学效果。

2.图文声像并茂

多媒体技术所具备的声、形、光、色的特质，在课堂教学中可以启迪学生的智慧，激发他们的奇异想象，可多角度调动学生的情绪、注意力，提高学习兴趣。

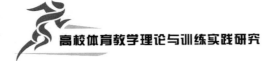

3.动态性

动态性有利于反映事物的发展过程，能有效突破教学难点。

4.互动性

借助多媒体网络环境，可以实现灵活的"人机对话"，能让学生更多地参与，学习更为主动。

5.信息量大

教师不用当堂设计板书，所讲内容基本体现在多媒体上，节约了空间和时间，提高了教学效率。

6.可重复性

多媒体中的教学内容可以重复播放，不仅可以减少教师工作量，还有利于突破教学中的难点。另外，教师还可以把课件通过网络传给学生，便于他们课下消化和复习。

7.针对性

针对性使针对不同层次学生的教学成为可能。

（三）多媒体网络教学的缺点

第一，教学过程不仅是传授知识、发展能力的过程，也是情感交流和学生人格形成的过程，网络教学主要是人机交流，学生面对的是没有情感的电脑，教师的言传身教、人格力量被削弱了，在情感培养和人格塑造方面，网络显然无能为力。

第二，思维空间变小。多媒体课件在具备容量大、速度快、易操作、效率高的长处的同时也存在着一些问题。若画面切换得太快，没有充分考虑学生的思维水平和思维速度，像电视或电影画面那样一闪而过，不容学生细看和思考，将极大影响教学效果。

第三，屏幕面积小，每一屏的容量有限。企图用屏幕来代替黑板的所有功能，缺乏板书、演算的做法，将会事与愿违。如高等数学课程中的一些公式的推导或例题的计算，教师需要在黑板上对照着刚学过的公式、定理进行计算、讲解，这样教学的效果会明显好于用多页屏幕演示。

第四，缺乏真实感。虽然许多科目可以利用计算机实现仿真环境，但还是不如让学生实际动手操作效果好，所以如果有条件能让学生"真枪实刀"地练，就不要"仿真"，以增强学生的动手能力和实物操作能力。

第五，教学成本高。美国传播学鼻祖威尔伯·施拉姆（Wilbur Schramm）曾说："如果两种媒体在实现某一教学目标时，功能是一样的，我一定选择价格较低的那种媒体。"对于教师来说，要做到因课制宜，追求低成本和高效益的最佳结合，在备课时必须认真钻研教材，根据教学目标的需要来确定采用何种教学资源。

（四）多媒体网络教学发展趋势

1. 多媒体网络系统通过先进的媒体技术功能促进向系统技术的目标转化

多媒体网络本身属于媒体技术范畴，具有承载和传播信息的一般媒体功能。但多媒体网络是一种特殊的媒体技术，其特殊性主要有四点：一是其承载和传播的信息形式是多种类的，包括文、图、声、像多种媒体信息，覆盖教学系统的各种要素信息，具有全面性。二是提供了各个部门、各类人员、各项工作、各个环节和各种要素信息之间联系的信息通道，而且这种联系是多向的、交互的。三是信息传递的高效性，多媒体网络是高带宽、高速率网络，是典型的信息高速公路，保证了快速沟通。四是形成了系统整体结构，全方位要素信息及其高效联系形成了系统整体。多媒体网络运用于教学，通过各种教学信息资源的检索、设计、处理和传递，有利于教学过程和教学资源的设计、开发、利用和管理，促进媒体技术功能向系统技术目标转化，实现教学过程的优化，这正是多媒体网络不同于以往任何媒体技术的重要特征。

2. 基于多媒体网络的教学模式呈现出多样化特征

多媒体网络的出现和运用于教学的时间虽然不长，但由于其强大的功能，广大用户迅速开发和应用，基于多媒体网络的教学方式已出现多种模式。

按照教学的基本组织形式分，多媒体网络教学可分为课堂讲授模式和自学交互式模式。前者以辅助教师的课堂讲授为主，所开发的软件一般称为"讲授式"课件；后者以辅助学生的自主学习为目标，所开发的学习软件一般称

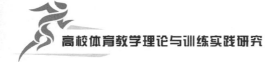

为"自学交互式"课件。自学交互式亦称个别学习模式。

按照教师在实际中使用的多媒体网络技术来教育学生的方式划分，多媒体网络教学有教学呈现、模拟演示、交互性视频、探索与发现、项目制作等模式。教学呈现是通过视听材料的呈现，增强和丰富学生正确观察和解释事物相互关系的能力，这些视听材料包括动态录像、动画、照片和彩色的课文或对话，这样可以把课程中枯燥的概念和信息用图片或视频来展现，以简化问题，增强说服力。模拟演示是通过多媒体把视频、声频和动画结合起来，进行逼真的模拟，这对于一些在现实生活中很难出现或不易观察的现象可进行方便的模拟学习。在网络上还可以进行模拟数据的实时传输，进行大规模模拟学习训练。交互性视频是通过增强教师与多媒体计算机的交互作用来提高教学效果。探索与发现是选择一个学生感兴趣且又和教材有一定联系的主题，编制成学习问题清单和对学习过程进行调控的问题，然后指定学生自行学习，鼓励学生进行探索和发现。项目制作是让学生制作有关教学内容的多媒体项目来完成学习作业，这是多媒体在教学中最具挑战性的应用。

按照学生在网络上的学习情景来划分，多媒体网络教学可分为讲授型、个别辅导、讨论学习、探索学习、协作学习等模式。网络上的讲授型模式突破了传统课堂教学的人数及场地限制，只要是能上网的用户都可以参与学习，网上的学生可在同一时间聆听教师讲授，并且师生间可进行一些简单的交互。这种模式是由教师将事先准备好的讲授材料以多媒体信息方式呈现，以超文本的方式组织，并存放在网络服务器上。教师通过服务器呈现教学内容，并通过网络电话或电子邮件的方式向学生讲解或接受询问，使学生的浏览学习达到同步，并及时了解反馈信息，根据学生的反馈信息再做进一步解释和应答。个别辅导模式是通过网络上的自学式多媒体课件及教师与单个学生之间的密切通信来实现，学生自由下载课件库中的课件，根据自己的兴趣和基础进行个别化学习，并可通过电子邮件得到教师的个别指导。讨论学习模式是利用网络上的电子布告系统，在专职教师监控下，学生自由参加讨论和发言，进行讨论学习。探索学习模式是由某教育机构设立一些适合特定的学习对象来解决的问题，通过网络向学生发布，要求学生解答，同时提供大量与问题相关的信息资源供学生在解决问题过程中查阅，并有专家给予适当启发和提示，促进学生探索学习。协作学习模式是指利用网络和多媒体技术，由多个学生针对同一些学习内容彼此交互和合作，以达到对教学内容比较深刻的理解和掌握。协作学习模式又分为竞争、协同、伙伴与角色扮演等，是基于网络的一种很有发展前途的学习模式。

3.多媒体网络教学向交互式、智能化、全球化方向发展

交互式是多媒体网络教学发展的必然结果。一般来说，多媒体只是多种媒体的结合，是对多种视、听成分的线性结合和显示，交互性差，因此难以满足教学过程中复杂的教学交互关系的需要。随着多媒体网络教学不断深化，必然要求多媒体向交互式、非线性方向发展，直接的初步成果是超媒体和虚拟现实技术的出现。超媒体是指以多种媒体形式呈现信息，并以某种非线性方式进行控制。教育技术学家德底把超媒体看成是以非线性方式来呈现符号的一种结构，他认为超媒体是一种外部关联记忆，由技术帮助其组织和获取信息。超媒体是计算机和多媒体的集成，可产生交互式、非线性的超环境，代表着多媒体的交互式发展方向，有时可以把超媒体直接理解为交互式多媒体。虚拟现实是多媒体向交互式发展的更高层次，是多媒体技术最终发展的趋势。虚拟现实是一个高度交互的、以计算机为基础的多媒体环境，使用者在其中成为"虚拟真实"世界的参与者，从而使计算机从用户的头脑中消失，只能体验到由多媒体计算机产生的像现实一样的环境。虚拟现实有多媒体的许多特点，如高度集成了多种媒体，信息表征具有高度交互性、多样性、灵活性，要求学生的积极参与。因此，与一般教学媒体相比，虚拟现实的优点是不言而喻的，它具有成为课堂教学强有力的新工具的潜力。

智能化是多媒体网络教学向深层次发展的客观要求。尽管多媒体网络教学迅速发展，大量多媒体课件和多样化的教学模式被开发、使用并取得较好成果，但人们在开发使用中发现，这些系统始终存在一些缺陷。例如：学生的学习仍然是被动的；学生无法回答深层次的问题；回答有错时不能准确确定原因；个别化指导的针对性不强；等等。因而需要未来系统能够做到如下四点：第一，实现友好和自然的人机对话，能够通过人类的自然语言来进行

人机对话，更深入地了解学生的理解状态，学习环境更自然，使学生能较方便地学习知识和规律，并表达自己的认识和要求。第二，能检测和判断学生犯错误的原因并给予适当的指导和纠正。第三，对未预期的提问和错误能给出合理的反馈，包括理解学生的反应、评价学生的猜测是否合理等。第四，不断积累教学经验，并能针对具体情况及时调整系统的教学策略等。

全球化是多媒体网络教学发展的必然趋势。在互联网已连通世界各地，互联网站点遍布全球的当今时代，无论是校园网、多媒体教室局域网，还是单台多媒体计算机，不与广域网连接、不利用互联网上无限丰富的信息资源，是不可思议的。基于互联网的新型教学，突破了局域网多媒体教学在资源、距离、规模上的限制，将多媒体网络教学推向全球，"开放大学""虚拟学校""全球教室"等一批新型的教育教学系统迅速发展。

（五）关于合理使用多媒体网络教学的几点看法

多媒体网络教学因有着许多显而易见的优点，所以近些年被广泛使用，但其中不乏一些滥用现象。多媒体网络教学本身不能提高教学质量，它不是万能的，不能完全取代传统的课堂教学，它只是一种教学辅助手段。对于如何利用好这个工具，为教学服务，笔者有以下两点看法。

首先，要根据教学内容确定是否采用多媒体进行教学。在实际教学中，有些教师习惯于使用多媒体，不管讲授什么内容都采用这种方式；还有些教师为了偷懒、省事，制作一些简单的课件，照着念或多轮使用，并没有本着提高教学效率的目的去认真思索所授内容是否适合使用多媒体。对此，教师应打破一些固有的观念，不要认为多媒体教学有诸多优点，就堂堂课用或整堂课用，何时应该采用多媒体教学，要因内容而定。当然，还可以根据授课内容，在一堂课中将多媒体与其他教学手段结合使用。

其次，如果确定在课堂中使用多媒体，就要潜心研究大纲、教材，把握好重点、难点，领会教材意图，当然还要考虑学生的实际水平，对能反映教学内容的多媒体进行择优或精心制作，千万不可胡乱选择、粗制滥造，更不能弄个"教材搬家"的PPT来糊弄学生。

二、多媒体网络教学系统的含义及其构成要素

（一）多媒体网络教学系统的含义

一般而言，系统是指由若干要素以一定结构形式联结构成的具有某种功能的有机整体。系统有三项是普遍的、本质的东西：其一是系统的整体性；其二是系统由相互作用和相互依存的要素所组成；其三是系统受环境影响和干扰，和环境相互发生作用。现代通信技术、计算机网络技术和多媒体技术快速发展，并与教育融合，孕育了新型的教学方式——多媒体网络教学，而优化的多媒体网络教学系统是有效进行多媒体网络教学的基础和保证。

笔者认为，多媒体网络教学系统是指基于网络系统的，以学生为中心的，支持教学、学习活动的静态和动态要素的总和，它与教师、学生构成一个整体，处于不断变化、发展之中。多媒体网络教学系统中，静态要素和动态要素彼此相互影响、相互依赖，构成不断运动的整体。静态要素由系统中可见的一切物质要素构成，是一种物化要素，包括系统中的空气、噪声、光线等自然性要素，也包括网络、计算机、教学设备、学习资源库等可见的、有形的人为性要素。而动态要素是影响教学、学习的无形因素，包括教师个体的知识水平、教学经验，学生个体的观念、学习动机、情感、意志等心理因素，人际交互（包括自我交互），以及蕴含在教学、学习活动中的教学策略、学习策略，等等。

（二）多媒体网络教学系统的构成要素

1.基于网络的静态构成要素分析

在多媒体网络教学系统中，优化的静态要素是实现多媒体网络教学的物质基础，可分为两大类物质性要素：一是硬件要素；二是软件要素。

（1）硬件要素是实现多媒体网络教学的支撑平台，是整个多媒体网络教学的物质基础。目前多媒体教学系统的硬件要素还多以地网（互联网和学校校园网）为主，采用地网与天网相结合的方式来实现网络的功能。天网主要由地面卫星接收系统和卫星接收机组成，确保及时接收某波段的视频课程信号，以及保证视频信号质量稳定。地网是多媒体网络教学系统的重要静态

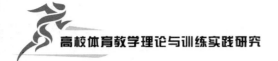

构成要素，主要由接入模块、交换模块、服务器模块等构成。

（2）软件要素可分为保证多媒体网络教学系统正常运行的基础软件和网络学习系统两部分。基础软件包括系统平台、web 程序开发工具等。系统平台为用户提供了一个良好的交互界面并有效控制和组织着计算机内各种硬件、软件资源，起着连接计算机与用户的接口作用。网络系统由网络教学系统、资源库系统、网络学习评价系统、交流与协作系统、辅助工具和网络学习管理系统等六个部分构成。网络教学系统提供了不规则的实例变化的情境和多种知识表征方式，以便于学生理解和应用非良构领域的知识，解决实际情境中的问题。资源库系统提供了为支持学习活动而专门设计的网络课程、优秀教案、媒体素材、网络图书馆等。网络学习评价系统包括各类题库及非测验性的评价体系等，按某些标准对学生某一学习阶段的绩效做价值判断。交流与协作系统可以实现网上的实时或非实时的沟通。辅助工具包括文字处理工具、网页编辑工具、信息搜索引擎等，通过多种常用工具的组合运用，可以实现特定的功能，促进学生对知识的有效建构。网络学习管理系统是一套自动管理学习活动的软件，采用 B/S 结构（ browser/server，浏览器 / 服务器模式），利用万维网上的应用系统，实现实时或非实时交互学习模式下的管理功能，为学生提供通过网络进行报名、注册、选课、预约考试、答疑、辅导、成绩查询等自动管理功能。

2. 基于网络的动态构成要素分析

在多媒体网络教学系统中，人们的价值观念、态度、情感、个性倾向等条件是促进学生健康成长、勇于探索的关键因素。在基于网络的教学环境中，主要的动态要素有交互环境、学习氛围、教学策略、学习策略等。

（1）交互环境。基于网络的动态构成要素的交互与传统面授的口头语言交流或肢体语言交流不同，主要有三种形式：①学生与学习内容的交互。学生与学习内容的交互可以促使学生完成个体性知识的建构。②人际交互。人际交互是学生与学习伙伴、指导者等之间的社会性互动。学生与学习伙伴交互，共同讨论学习问题，倾诉体验，分享学习群体的智慧。人际交互可以促使学生完成社会性知识的建构。③自我交互。自我交互是指学生在网络的自主学习中产生自我评价、自我激励、自我调整学习行为的心理活动。

（2）学习氛围。网络教学系统是学生学习和探索的园地，是一种培育人的环境，教学系统中的主题（内容）、指导者细心的引导，以及学生间不同的信念、学习风格、行为等综合因素形成的学习氛围、学习导向是激励学生学习的重要条件。因此，教学设计者在设计网络课程的界面、内容导航、布局等的时候，应借助于网络技术使人人都有机会通过网络论坛、聊天室、电子白板、视频会议等表达自己的观点，分享学习群体的智慧，营造一个更公平、更民主、更和谐的学习氛围。良好的学习氛围有利于学生之间进行协商、探究、分工合作，展现自己的观点，开展协作性的学习活动，共同分享各自的见解，从不同的角度看待问题，以达到对所学内容全面、深层的理解。

（3）教学策略。教学策略即以一定的教学目标为导向，在某个教学情境中对教学活动进行调节和控制的一系列措施和行为执行过程。在网络教学中，教学策略、学习策略是学生在知识、能力建构过程中内在化的进程与方式，涉及学生如何与学习资源交互，构建自己的知识体系，从而实现认知结构改变的问题。它影响着学生学习活动的决策，引导其进行自主、协作学习，促使学生主动完成意义的建构。目前，在基于网络的教学环境中主要的教学策略有三大类：主动性策略、社会性策略和情境性策略。多种行之有效的教学策略、学习策略保证了不同学生可以针对特定的学习内容选择适合自己的有效的学习策略学习，有利于每一名学生顺利实现既定的学习目标。

在研究基于多媒体网络的教学系统中，静态要素和动态要素都要涉及，不能只顾其一。一般来说，在硬件、软件设施都不完备或网络传输出现技术故障的时候，动态要素对网络教学活动的影响占据主要地位。当物质环境比较完善的时候，那更值得注意的便是动态要素对教学的影响。静态要素和动态要素是一个问题的两个方面，它们是既相互联系，又有区别的事物的整体，正因为二者的相互联系，才构成了网络学习环境的多样化、复杂化和无限生机。

（三）多媒体网络教学系统的主要功能

1.多媒体网络教学系统在技术层面上的功能

（1）多媒体集成：录音机、录像机、投影仪、VCD播放机等多种教学媒体可以方便地与教师用机连接，也可以方便地播放多种媒体集成的教学软件。

（2）监控：监控系统能够实现教师对学生机全功能的远程操作。

（3）多向交流：系统结构可实现多路视频和语音信号的实时传送，使教师和学生之间、学生和学生之间任意交换信息，构成多种信息通道并存的多媒体网络系统。

（4）同步和异步通信：系统兼具同步通信和异步通信的可能性。学生一方面可以同步与教师交流，另一方面也可以按个人需要选择不同时间进行交流。

（5）资源支持和信息获取：系统通过服务器与因特网相连，具有使用权限的使用者只要掌握各个信息资源部门的网址，便可轻松点击，上网浏览，加上检索技术提供的支持，更可迅速查到有关信息。

（6）安全使用：基本系统实现零内存占用，在整个教学过程中，毫不影响本机系统的正常运行。教师或多媒体网络教学系统管理人员可以通过远程命令一次实现对多台机器的统一设置、文件传输、远程运行、远程关机等操作，减轻了因学生误操作、软件复制、系统升级等带来的维护工作的负担。技术层面的功能使通过精心设计的教学活动得以体现，并进一步实现多媒体网络教学系统在教学层面上的功能。

2.多媒体网络教学系统在教学层面上的功能

（1）方便实现多媒体教学，使教学内容更加丰富。

（2）教师灵活监控，高效地完成教学任务，提高教学质量。

（3）易于现代教学理论的具体实现，使教学设计更加丰富，利于学生素质的培养。

（4）灵活的交互，便于学生进行个别化学习。

（5）方便实现网络练习和测试，及时了解学生的学习情况。

（6）便于教师进行电子备课。

三、多媒体网络教学平台在高校体育教学中的应用

在高校教育体系中，体育教学具有十分重要的地位，开展体育教学有助于学生身心健康的发展，但是由于传统教学理念的影响，高校学生对体育课程的重视程度不高，兴趣度较低。兴趣是影响学生学习积极性的重要因素，学生的学习积极性往往以他们的学习兴趣为转移，当学生对某个学科的知识产生兴趣的时候，就会积极主动带着愉悦的情绪去学习，反之学生就会带着负面情绪去学习，学习效率较低。影响学生对体育课程兴趣的因素有很多，如教学方法比较陈旧、教师的综合水平较低等，都会导致学生在学习的时候渐渐失去兴趣。多媒体网络教学是现代化教学模式的重要体现，在教学过程中应该积极加强对多媒体教学平台的应用，借助多媒体平台和互联网资源，开展有针对性的教育，培养学生的体育精神。

（一）高校体育教学存在的问题

1. 学生对体育课程缺乏兴趣

学生对体育课程的认知及兴趣度会直接影响体育课程教学水平，从现有的高校体育教学活动来看，体育教学一般采用户外教学模式，形式比较单一，体育活动的项目也存在单一、重复等问题，因此导致很多学生对体育课程失去了兴趣，缺乏新鲜感。另外，有的学生本身基础能力较差，在课堂上对于某些体育动作无法很好地完成，害怕遭受其他同学的嘲笑，渐渐对体育课程失去兴趣。

2. 教学方法比较陈旧

一直以来，体育教学的方法主要是"理论讲解＋动作示范"，通过教师的动作示范，让学生学习、练习，这种方法虽然可以达到一定的效果，让学生学习到一些理论知识，但是新时期背景下，这种教学方法已经比较陈旧，缺乏实践性。另外，部分教师的能力水平不高，缺乏对体育教学管理的深度探索和监督，加上配套的体育设备不足，影响了高校体育课程创新发展。

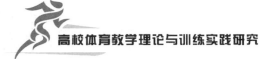

（二）多媒体网络教学的重要性

体育锻炼可以有效提高学生的身体素质，而且能够对学生的心理进行塑造，对于学生来讲十分重要，尤其是对于一些心理和精神压力较大的学生，通过体育训练可以发泄情绪、宣泄压力，减少负面情绪。体育教学在高校教育体系中具有更加重要的意义，因此开展体育教学创新势在必行。多媒体网络教学平台是开展网络教学的重要渠道，开展网络教学也是未来高校教育创新的一个具体方向。多媒体网络教学在体育教学中应用的重要性体现在以下三个方面。

1. 突破传统教学的限制，提高教学灵活性

随着计算机网络的快速发展，在教育过程中出现了新的教学模式，即多媒体网络教学平台的应用，这彻底改变了传统的教学模式。其以计算机网络为基础，以互联网的巨大功能为教学辅助，学生在学习过程中不受时间和空间的限制，提高了教学的灵活性，能够有效提高教学质量。多媒体网络教学在高校体育教学中的应用，真正打破了传统的、单一的教学模式，为学生提供了开放性的学习环境和更加丰富的资源，无形之中增强了学生独立思考问题和探索问题的能力。

2. 促进高校发展

多媒体网络教学平台的应用对高校教学发展及教学质量的提高有异常重要的作用，因为体育是以锻炼身体为主的学科，其教学目标是使学生的身心健康发展。在体育课上，最关键的就是要不断运动，开展实践练习，如果没有体育运动，就失去了体育课程的本质与精髓。当然，传统的体育课堂教学模式还是有一定优点的，网络教学不应发展成为一种独立的教学方式，而应是对传统教学的一种补充和辅助。多媒体网络教学是现代教学体系中不可或缺的内容，通过多媒体网络教学和传统教学的有机融合，可以给学生带来更好的体验，让学生在课堂上学习到更多有用的知识，这也为高校现代化教学发展奠定了基础。

3. 拓展学习资源

多媒体网络教学平台最大的特点就是学习资源十分丰富，学生可以从中

获得大量学习信息和虚拟资源，使学生的视野变得越来越开阔。网络教学还有效解决了学生学习过程中的时效性问题，当学生掌握了信息之后就在无形之中增加了学生自主学习的能力，提高了知识水平。另外，网络教学平台上的资源共享，也为高校体育教学开辟了新的道路，给学生提供了汇集信息的资料库，资料的种类很多，包含了各种各样的体育新闻信息、体育产品、体育课件等，而且学生还可以在网络上选择其他的学习内容，这也是传统的教学模式不能达到的。

（三）多媒体网络教学在高校体育教学中应用的问题

在高校体育教学中应用多媒体网络教学时，虽然会因为应用的学校环境不同、条件不同、面对的学生的实际情况不同而遇到各种各样的问题，但是概况而言，以下三种问题较为普遍。

1. 网络教学资源的数量有限且质量不高

在将多媒体网络教学应用于高校体育教学时，网络教学平台中教学数量有限且质量不高的问题十分普遍。目前应用多媒体网络教学的高校，网络教学的内容多数是以体育基础理论为主，关于体育技战术教学的内容非常少，而且并没有很好利用多媒体技术和网络技术来突出多媒体网络教学的特点，从而限制了教学资源质量的提升，影响了学生利用网络教学平台进行学习的积极性。

2. 任课教师的网络教学技术水平有待提升

多媒体网络教学作为一种全新的教学方式，在进入高校体育教学时，部分体育任课教师常常会因为自身网络教学技术水平有限，而影响多媒体网络教学作用的充分、有效发挥，无法满足开展多媒体网络教学的需求。

3. 多媒体网络教学的基础建设工作有待完善

多媒体网络教学的基础建设工作涉及硬件和软件两个方面。在硬件方面，部分高校的网络教学设备，如投影仪、计算机、摄录设备及音响设备等，均安置在固定的教学地点，使用时还必须走烦琐的申请流程，部分学校甚至连这些设备都不完善，以至于影响了多媒体网络教学在高校体育教学中的应用。而在软件方面，很多学校都忽视了相应软件的开发与应用工作，影响了多媒

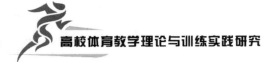
体网络教学在高校体育教学中的有效应用。

（四）多媒体网络教学平台在高校体育教学过程中的应用

1. 建立体育教学专业网站

传统的体育教学虽然有明显的优势，但是在新时期，单纯应用传统的方法进行教学并不能达到良好的效果，开展网络教学并不是对传统教学的否定，而是积极探索新的教学模式。多媒体教学平台满足现代教学的需求，在高校体育教学过程中以一系列的知识理论为基础，在学校内部建立体育多媒体网络教学平台，让学生可以从网络上收集更多有用的学习信息，使体育教学进入新的阶段。同时，学校应注重对教育信息进行完善，对各种相关的体育教学软件进行应用，建立全国性体育网站，并且在网站之间实现互联，形成全国性的教育网络，真正改变学生的学习习惯。另外，从学校的角度来讲，学校应建立自己专门的体育网站。在网站内容方面，应提倡所有的体育教师都积极参与，让网站的内容更加丰富，涉及的范围更加广阔。为了激发学生的学习积极性，还可以定期组织体育成绩比较不错的学生发表更多与体育相关的文章，通过教师筛选，选出一些比较优秀的文章放在网站上，供更多学生学习、参考。

2. 创新教学方式

高校体育教学过程中，教师应该要根据学生的个体实际情况开展教学，让学生明白体育课程的独特性、趣味性，从而不断提高学生在体育课程学习过程中的热情和积极性。在多媒体时代，体育教学模式也可以不断创新，利用多媒体网站开展创新教育，教学平台中的核心模块主要是为了辅助高校教学过程，在本模块中应包含对本课程的介绍、课程安排、教案设计、课件下载、教学视频直播等子模块，每一个子模块都具有不同的作用，教师可以根据教学进度、教学需求选择教学平台中的不同子模块开展教学，比如对于教学过程中的一些难度比较高的战术动作，可以采用视频方式进行展示，让学生能够更加直观地看到这些动作的细节，使学生可以更好地掌握各种动作要领。再比如，在教学过程中可以开展微课教学，教师将教学过程中的一些重点和难点内容制作成微课视频，让学生对体育课程的重点和难点内容有所了解，并且能够在课后对这些内容进行学习，真正提高学习水平。

3. 提高体育教师的网络信息化能力

互联网是一种新颖的高科技产品，在教学过程中，教师对互联网技术、计算机技术的掌握能力将会直接影响教学质量。有的教师对计算机和网络知识比较熟悉，也能够更加熟练地进行各种网上操作，利用电脑实现人机、人与人之间的有效沟通，但是有的教师信息技术水平较低，对这些新技术的掌握不到位、不熟练，因此必须加强对教师的培训教育，不断提高教师的网络信息化能力，运用网络技术，在网络教学中突出学生的主体作用，让学生能够更加主动地学习。同时，网上的体育教学信息可能会发生无序化情况，这也需要教师具备较高的信息化能力，对网络中的信息进行整合、分类，让学生能够一目了然地了解这些网络信息，给学生提供正确的学习方法、学习资源，提高学生的自学能力。

4. 改善传统的评价模式

在高校体育课堂教学改革过程中，要形成配套的考核与评估体系，对传统的考核评价模式进行改进。游戏教学法的应用使体育教学模式发生改变，课堂氛围发生改变，因此也必须转变传统的评价模式，开展综合评价，对学生的综合能力进行考评，尤其是在互联网教学背景下，学生的学习环境发生了改变，在对学生进行考核的时候，也不能完全按照传统的方法进行考核，必须要契合新时期的教学特点，比如多考核学生在日常实践练习过程中的表现，对学生的组织能力、团队协作能力等进行考核，不能只看期末的考试成绩，而是应实现对学生的全面考核与评价。

5. 加强交互

在多媒体网络教学平台应用过程中，多媒体平台为学生的学习奠定了坚实基础，也给学生提供了交流与沟通的渠道。学生与学生之间、学生与教师之间可以通过互联网平台、社交软件等进行实时交互，教师可以对学生进行答疑，学生之间相互交流也能开阔学生的思维和眼界，从而有效提高学生学习水平。

综上所述，学习兴趣是学习的基础，高校体育教学对学生的发展至关重要，传统的体育教学理念陈旧、方法单一，对学生的学习积极性有很大限制。在体育教学过程中，应不断培养学生的学习兴趣，从改变教学模式、设计课堂情景、改变教学评价模式等方面着手，加强对多媒体教学平台的应用，真正改变学生的学习模式，让学生能够从网络中获得更多的学习资源，有效提高体育学习水平。

四、现代教育技术在高校体育教学中的应用

随着知识经济时代的到来和信息社会的飞速发展，计算机和网络通信已涉及并深入现代社会每一个领域，同时由于社会对高等教育需求的增加和计算机的普及，现代教育系统面临严峻的挑战和机遇。多媒体网络教学具有强大的信息资源共享性能，可为学校体育教学提供丰富的教学资源和无比灵活的教学形式，提高学生学习的主动性和灵活性，能够满足个性化和个别化教学的需求。网络教学、远程教育及现代教育技术的运用已成为学校体育教育改革的趋势和方向，因此探讨和研究现代教育技术在体育教学中的应用具有重要的现实意义。

（一）现代教育技术的概念

所谓现代教育技术，就是运用现代教育理论和现代信息技术，通过对教与学过程和教学资源的设计、开发、利用、评价和管理，以实现教学优化的理论和实践。包括以下三个方面：①在教学中运用现代技术手段，即现代教育媒体；②运用现代教育媒体进行教学活动的方法，即媒体教学法；③优化教学过程的系统方法，即教学设计。因此，现代教育技术是以计算机为中心的通信网络、多媒体技术等各种高新技术与现代教育心理学、哲学和经济学等学科的有机结合。利用现代教育技术能够使教学过程具有媒体的多样性与集成性、操作的交互性、信息组织的非线性、内容的动态性、时空的开放性等特点，它已成为一个新的学科领域和一种新兴产业。国际上许多著名跨国公司都在建设和研究基于互联网络的"全球校园"。在信息科技突飞猛进的今天，传统的"教室""图书馆"等教学时空的概念已经悄然发生了令人惊

叹的变化。现代教育技术是应知识经济时代之运而生，成为适应知识经济人才培养和教育模式的重要特征之一。

（二）现代教育技术在高校体育教学中的应用现状

现代教育技术就是运用现代教育理论和现代信息技术，通过对教学过程和教学资源的设计、开发、利用、评价和管理，实现教学优化的理论和实践。就目前而言，由于体育教学教育观念相对落后，现代教育技术氛围不浓，体育教师的现代教育技术水平落后，计算机硬件落后，教学软件的开发及产品落后，换言之，就是现代教育技术环境较差，现代教育技术在高校体育教学中的应用程度也不太高。

（三）体育教学中应用现代教育技术存在的问题

1. 教育观念相对落后

教育观念是指人们对教育的认识及教育的指导思想，主要包括教育观、人才观和教育质量观等方面。教育观念决定教育意识和行动，决定每一个体育教育工作者的工作思路和工作方法。在教育现代化的今天，还有部分体育教育工作者的思想固执僵化，习惯用传统的教学模式、教学方法和手段来衡量体育教学，这种教育观念心理定式严重影响现代教育技术在体育教学中的运用。

2. 体育教师的现代教育技术水平落后

由于我国高考对体育考生的特需规定，体育考生的文化成绩录取分数线低于普通考生的分数线，特别是外语、数学、物理等与计算机相关的课程基础较差，因此大学毕业时，体育专业毕业生的计算机水平整体上相对落后。近年来，许多高校和教育行政部门多次组织教师计算机水平培训，将计算机水平测试与教师晋升职称挂钩，想方设法提高教师的计算机水平，体育教师计算机水平也有所提高，但比起其他专业来，体育教师的计算机水平还是较为落后，亟待提高。

3. 硬件设备的配置落后

硬件设备的配置落后严重阻碍了现代教育技术在体育教学中的应用。这主要是指体育院校或普通高校体育系（部）计算机的配置较低，许多是其他专业用剩或淘汰的机型。这样的计算机处理速度低、存储能力差，无法满足现代教育技术教学要求的需要。即使有些学校给体育专业教学配置了较好的计算机，也只是凤毛麟角，不能代表整体水平。

4.教学软件的开发及产品落后

教学软件的开发及产品落后影响了现代教育技术在体育教学中应用。网络凭借其信息共享、双向交互、时空不限等特性，为现代教育技术开辟了新的领域。超媒体是多媒体技术和超文本链接技术的结合，它能够采用非线性的网状结构来有效组织块状的声音、图像、文本等形式的信息。现已开发的体育教学软件及产品许多不支持网络环境和不具备超媒体功能，大部分软件不具有智能化功能，这样的产品既浪费时间和金钱，又不具有实效性和前瞻性。今后开发的产品必须支持网络环境，必须具备超媒体和智能化功能。只有具有智能化的教学软件才能够真正实现教学过程的控制和交互，实现因材施教，实现知识的不断积累。在知识爆炸的今天，智能化的软件为教学过程中的软件维护和完善提供了必要保证。

（四）现代教育技术在高校体育教学中的应用对策

1.创造良好的现代教育技术氛围

（1）体育教师教学的转变。一是要求教师加强现代教育技术理论知识的学习。在现实的高校体育教学中，教育技术理论往往不被重视，仅仅是片面地、低层次地加以现代教育技术应用，对于如何展现体育运动变化过程来激发学生对体育运动的兴趣，进而提高学生学习体育运动的效率却持有消极态度，导致这一现象出现的根本原因是高校体育教师缺乏体育技术理论的指导，甚至对体育技术理论漠不关心，这样必然会导致学生仅凭自我兴趣来领悟体育运动的内在原理。因此，有必要要求高校体育教师在应用现代教育技术教学时加强理论知识的学习。

二是要求高校体育教师利用现代教育技术进行灵活组织教学。在以往传统的体育教学中，体育教师只能依赖体育设备和黑板粉笔进行讲解，而在现代教育技术介入体育教学过程中，体育教师可以借助多媒体教学平台突破传统教学手段的限制，创造出动静结合和图文并茂的教学效果，从而借助多媒体的视频、图像、动画和声音等媒介进行教学，来激发学生学习体育运动的兴趣，这样就大大突破了体育教学空间和教学时间的限制，为体育灵活组织教学提供了多种选择。

三是要求高校体育教师积极树立现代体育教学观念。俗语说得好，思想决定行动，有什么样的思想观念就有什么样的行为活动。对于体育教学而言，什么样的体育教学观念就会有什么样的体育教学活动。因此，高校体育教师对现代体育技术的关注和观念的树立对于提高高校体育教学活动质量与教学效果有着不可忽视的意义，因此体育教师要树立正确的现代教育技术观念。

（2）高校学生学习的转变。一是要求高校学生加强现代教育技术知识的学习。由于我国高校学生有的来自城市，也有的来自农村，而城市孩子相比农村孩子接触现代教育技术的机会相对较多，自然反映到高校学生学习中利用现代教育技术的能力就存在很大差异。如果学校没有设置现代教育技术公选课，就会使高校学生在应用现代教育技术上存在很大差距，不利于来自农村的高校生对现代教育技术的学习。因此，有条件的学校应开设现代教育技术公选课，以加强学生对现代教育技术知识的学习，从而提供良好的学习氛围，并提高体育教学水平。

二是要求高校学生转变学习观念。在现代的教学模式中，排斥填鸭式的教学而提倡学生主动式的学习，即采取授之以渔的方式来培养学生独立自主地探求知识的能力，使学生成为体育教学的主体。而现代教育技术恰好提供了这样一个自我学习的平台，不受时间和地点的制约，从而可以培养学生兴趣。

2. 建立和完善现代教育技术环境

（1）加大硬件设施的投入。一是加大校园网的建设。校园网并不仅仅是满足学校宣传和行政管理事项，也要注重校园网的教学服务功能和学习功能。应创建相关的体育教学网页，鼓励教师、学生参与网络教学，这样才能充分发挥现代教育技术的强大效能。但是这一目标的实现就需要加大硬件设施的投入，以改变目前现代教育设备不足的问题。

二是建立体育信息交流平台。体育信息交流平台可以使学生与教师进行沟通与教学反馈，也可以使教师与相关学者进行学术交流，更可以通过这一信息网络交流平台提供高校之间的合作，并进行互通有无和共享资源。

三是增加多媒体教室数量。多媒体教室是进行多媒体教学的基础设施，是由诸多液晶投影机、中央控制系统、计算机、数字视频展示台、音响设备和投影屏幕等现代教学设备组成的。而限于高校资金投入不足，多媒体教室数量有限，因此需要加大多媒体教室建设的力度。

四是增加体育场馆及与场馆配套的现代教育技术设备。良好的体育场馆是充分保证体育教学质量提高的一个有效途径，而在现实的现代教育技术设备中，场馆建设和与之配套的系列设备建设存在供给不足的状况，这就需要高校根据自身条件，有计划地加大体育场馆等设施的建设力度。

（2）提高现代教育技术软件环境。一是丰富多媒体教学资源库。多媒体教学资源库主要包括相关课件、比赛数据资料、各种竞技视频、体育相关图片、电子教材等。而多媒体资源库的建立需要通过多种渠道进行，最主要的是学校教师和学生要积极主动地对有关体育资源进行收集整理，并建立专人管理机制进行资源库的管理。另外，也要加强本校与国内外先进教学资源库的合作关系，以便更好地实现资源共享。

二是加强教师多媒体课件的制作能力。高校要有计划地加强本校多媒体课件库的建设，将课件库进行整合分类。但是就目前而言，许多高校对体育多媒体开发的力度不足，特别是体育教师自身进行多媒体课件制作能力不足，并且缺乏与信息技术专业人员的有效沟通手段，进而导致各高校体育教师对多媒体课件的制作能力不足。这就需要各高校配备一定数量的专业课件制作人员，同时体育教师应掌握几种课件制作软件，以便独立制作简单的教学课件。

三是加强开发网络体育课程。网络体育课程具有共享性和交互性的特点，能够突破传统体育教学的时空限制，有助于学生自学和创新能力的培养。当然，这一前提是网络体育课程的开发能够满足高校需求，但是现实情况却不容乐观，往往由于资源瓶颈而限制了网络体育课程的开发力度。因此，需要高校对网络体育课程开发加以重视，设立固定资金来建立固定的网络课程开发队伍，从而使网络体育课程开发能够满足学校需求。

3. 加强现代教育技术在体育教学中的应用

一是有效促进体育教育内容的转变。以身体练习、体育表演和运动竞赛为形式的体育教育内容需要应用现代教育技术加以充实和更新，并渗透其他教学方面的知识，以便满足不同学习需求。同时，丰富体育教学内容的储存方式和教学表现形式，如电子教科书和武学教学课件等，使学生在近似的模拟环境中，可以有效拓展学生的观察经验，从而提高学生的自主性。

二是积极探索建构主义学习理论指导下的教学模式。在建构主义模式下，主张建立"以教师为主导，以学生为主体"的教学模式，而传统教育模式却突出以教师为中心，学生被动吸收知识。显而易见，这两种教学模式的教学效果会截然不同，建构主义相比传统教学模式的教学效果会得到有效提升，学生可以利用现代教育技术在教师的指导下主动学习，从而提高教学质量。

现代教育技术的应用重在教育思想、教育模式和教学手段等的变革，而其应用也是体育教学改革的催化剂。因此，需要加强现代教育技术在体育教学中的应用程度，以推动体育教学的改革和发展，满足现代体育教学信息化、网络化、智能化的需要。

第三节　分层教学模式的应用

一、分层教学的内涵及理论依据

（一）分层教学概述

1. 分层教学的含义

分层教学是指教师在尊重学生学习主体性及认知规律的基础上，结合学生实际知识水平（或学习态度等）、具体的学习目标及学习的可能性，根据学生在学习中存在的差异性，把一个班级或几个班级中的学生按其原有的知

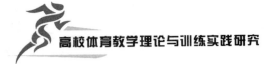

识水平和学习能力分成若干层次，提出相应的教学要求，设计不同的教学内容和方法，并采取相应的激励机制，促使不同层次的学生都能得到最优的发展，感受到成功的愉悦，实现"利用个体差异，促进全体发展"的目标。

2. 分层教学的指导思想

教师的教要适应学生的学。学生是有差异的，教也要有差异，教育要促进全体学生的发展。教育要以人为本，包括学习困难的学生在内的每一个学生都是有充分发展潜能的。在教育中，特别是在课堂教学中，要促使全体学生在原有的基础上有所收获、有所提高，不能以牺牲一部分人的发展为代价而求得另一部分人的发展。学生之间的差异是一种可供开发、利用的教育资源，为了开发、利用这种差异资源，要在课堂上努力营造一种合作学习的氛围。在这一思想指导下，分层教学应做到以下四个方面：一是符合学生的学习心理。分层教学的立足点是面向全体学生，因而必须使教学要求适合每一个层次学生学习的"最近发展区"，使学生在学习中获得成功与自信。二是符合学生在发展中客观存在的需要。每个人都受到不同的遗传因素、家庭因素及社会环境等方面的影响，这必然使学生的发展存在着客观差异，分层教学必须针对学生的个体差异，做到有的放矢，区别对待。三是符合课堂的教学原则。在教学过程中，针对不同层次的学生，教学目标分层、教学环节分层等应符合"因材施教"原则。四是符合有利于发挥教师主导作用的要求。因为检验教师发挥主导作用如何的重要标准就是能否使学生积极主动地参与教学，所以分层教学必须使教师的"教"适应各个层次学生的"学"，学生才能真正发挥主体作用，促使"教"与"学"互应。

（二）分层教学的理论依据

1. 孔子的因材施教理论

在国内，分层教学是一个古老而又崭新的话题，其思想渊源最早可追溯到春秋时期的孔子关于"因材施教"的思想。孔子是我国古代伟大的教育家，他之所以有三千弟子，七十二贤才这样令人称羡的成就，除了他本人具备良好的素质，主要得益于他因材施教的教学思想。关注兴趣，分层优化，孔子对这一问题的认识是相当高明的，他明确提出自己的主张："中人以上，可以语上也；中人以下，不可以语上也。"在学习上，对于何人为"中人以上"，何人为"中人以下"，孔子认为："知之者不如好之者，好之者不如乐之者。"在孔子看来，应以兴趣为区别层次的第一要素，而知识结构、认识水平等为次。通过这样的区分，学生的兴趣、爱好、才情等的不同就相对符合他应受教育的实际情况，更便于从不同层次、不同角度对他进行教育，易于最经济地发挥教育之优势，收到更好的教育效果。因材施教的核心是发现其兴趣、优势后正确引导，扬长避短。俗话说，人各有所长，各有所短。顺着这个"长"发展下去，其能力就会得到很好的展示。并且可以肯定的是，让他在自己所"短"的方向上做出成绩，是绝对不可能的。由于每个人的"长""短"不一，因此他们绝对不可能成为同一类型的人才。分层优化这种做法，远比"一刀切"的教育更适于学生的发展和提高。对不同的受教育者施以不同的教育，这是孔子因材施教思想的精髓，也是这一思想得以实施的保障。它既应成为实施教育的指导思想，也应是学生才能得到有效培养的捷径。

2. 布鲁纳的学科基本结构理论

杰罗姆·布鲁纳（Jerome Seymour Bruner，以下简称"布鲁纳"）运用结构主义的方法原理，借鉴其认知心理学的研究成果，提出学科基本结构理论，围绕"教什么、什么时候教、如何教"阐述了其基本观点。布鲁纳认为，教学活动的程序会影响学生获得知识和发展能力，因此教师在教学过程中应该注意设计和选择最佳教学程序，这种程序要考虑学生认识的发展、学生个别差异等。他强调，教学要探求向优秀学生挑战的计划，同时又不要"破坏那些不很幸运的学生的信心和学习意志"。他还指出："任何学习行为的首要目的，应该超过和不限于它可能带来的兴趣，而在于它将来为我们服务。"在教学方法上，布鲁纳主张"发现学习"。分层次教学"分层施教、整体提高"的思想也符合布鲁纳关于优生与差生都要重视其教学的观点。

3. 巴班斯基的教学过程最优化理论

教学过程最优化是尤里·康斯坦丁夫·巴班斯基（Юрий Константинович Бабанский，以下简称"巴班斯基"）教育思想的核心。他指出，教学过程最优化是指在全面考虑教学规律、原则、现代教学的形式和方法，以及该教学系统的特征及其内外部条件的基础上，为了使过程从既定标准看来发挥最有效的（最优的）作用而组织的对教学过程的控制。分层教学要想体现素质教育的精神，既使全体学生学得好，又使学生不感到负担过重，就要探索教学过程最优化的方法，以使学生在有限的教学时间里获得最大的发展。教学过程最优化的评价标准可以被规定如下：①在形成知识、技能和技巧的过程中，在形成某种个性特征、提高每个学生的教育和发展水平方面可能取得的最大成果；②师生用最少的时间取得一定的成果；③师生在一定的时间内花费最少的精力取得一定的成果；④为在一定时间内取得一定的成绩而消耗最少的物资和经费。

教学过程最优化的方法体系是指相互联系的、使教学最优化的方法的总和。这一方法体系强调教学双方最优化方法的有机统一，它既包括教学过程的五个基本成分（教学任务、教学内容、教学方法、教学形式、教学效果），又包括教学过程的三个阶段（准备、进行、分析结果）；既包括教师活动，又包括学生活动。强调师生力量的协调一致，从而找到在不加重师生负担的前提下提高教学质量的捷径。

巴班斯基提出要研究学生实际的学习可能性，包括个人接受教学的能力、思维、记忆等基本过程和属性的发展程度，学科的知识、技能和技巧，个人的学习态度等内部条件，家庭、教师、学生集体等影响的外部条件，根据具体情况选择最合理的教学方法。巴班斯基认为，每种教学形式和方法都有自己的优点和不足，有自己的适用范围，实施教学过程最优化必须根据具体情况选择合理方法，而且教学方法应具有辩证统一性，各种方法互相渗透，师生从各方面相互作用，因此教师应该根据相应教学阶段的任务、教材内容的特点、学生的可能及教师运用各种方法的可能性来选择教学方法，并对教学方法进行最优组合，配合运用。采取合理形式对学生进行区别教学，是教学过程最优化的一个重要办法，为此必须把全班的、小组的和个别的教学形式最优地结合起来。区别教学绝不是简化教学内容，而是对学生进行有区别的帮助。

巴班斯基的教学过程最优化理论具有兼收并蓄的特点。巴班斯基从辩证的系统结构论出发，使发展性教学的所有研究成果都在教学过程最优化理论体系中占据恰当的位置，通过教学过程最优化体现出发展性教学的最优效果。

教学过程的最优化理论从教学目标上提出使全体学生得到最大限度的全面发展，这对全面实施素质教育有极大的启示作用。巴班斯基提出的两条最优教学标准，有利于减轻师生的教学负担，有利于优质完成教学任务和提高教学质量，并最大限度地促进学生的身心发展。分层教学正是按照教学过程最优化的理论对教学的各个环节、要素进行优化，本着"照顾差异，分层提高"的原则，使目标确定、内容安排、教法选定、反馈评价等都有所区别，使之适合不同层次学生的实际学习可能性，根据教学过程最优化理论的方法体系，优化最基本的教育活动，并把全班的、小组的和个别的教学组织形式最优地结合起来，推动教学过程的整体优化，谋求全体学生的最优发展。

4.最近发展区理论

最近发展区（zone of proximal development, ZPD）又译为"潜在发展区"，是维果茨基（Vygotsky）在 20 世纪初创立的一个重要概念。他认为，教学必须符合学生的年龄特征，必须以学生的成熟或准备性为基础，这是"可接受性原则"的基本要求。维果茨基指出必须了解两种发展水平，一种为"现有发展水平"，指已经完成的儿童发展周期的结果和由它而形成的心理机能的发展水平；另一种为"最近发展区"，意指儿童正在形成、正在成熟和正在发展的过程。这就要求教师要了解教学的最佳期限，了解学生目前对于知识的掌握程度，从而合理安排教学内容，采取灵活多样的教学形式，培养学生创新性学习能力，充分体现学生的主体作用和教师的主导作用。

二、实行分层教学的必要性及实施策略

（一）高校体育课实行分层教学的优越性和必要性分析

1.分层教学进入普通高校体育课堂的优越性

现代体育理论研究表明，学校体育的目标应该更加注重开发学生的智力，完善学生的人格。而分层教学的体育教学模式在实施过程中依据以下目标进

行：促进学生的生长发育，增强学生体质；传授知识，使学生掌握一些基本的运动技能；培养运动兴趣和爱好，发展学生基本的身体活动能力；体育教学中渗透思想品德教育，培养良好心理品质；使学生养成良好的体育锻炼习惯，形成健康的生活方式。分层教学的体育教学模式是基于"快乐教育""终身教育""成功教育"这三大理论产生的，它在教学上重视学生的个性发展，可以打破过去"一刀切""一锅煮"的格局，一切从实际出发，满足不同层次的需要，体现区别对待的原则，让学生在自己的学习领域里享受成功的喜悦，充分发挥长效性。

2. 科学的体育课程体系的要求

《面向 21 世纪教育振兴行动计划》明确指出，要全面推进素质教育，而体育是实施素质教育的重要组成部分。在实施《面向 21 世纪教育振兴行动划》的进程中，应努力构建适应素质教育需要的大中小学相衔接的、较为科学的体育课程体系。据调查，受应试教育的影响，目前我国新入学的大学生的体育素质很不理想，他们在进入大学以前已经接受了十二年的体育学习，但已经掌握了一项运动项目基本技术的人的占比却不到总人数的10%，甚至有少部分学生很少上过正规的体育课，大部分时间都是放羊式的自由活动。传统的教学方式很难完成这些参差不齐的中小学体育教育与大学教育的接轨。

3. 分层体育教学有利于面向全体学生

素质教育的一个重要特点是面向全体学生，赞可夫提出了发展性教学理论，其中有要使全体学生（包括差生）都得到发展的原则。分层教学较好地解决了统一施教与学生程度参差不齐的矛盾，有针对性地使优秀生"吃饱"、落后生"消化"、中等生"解渴"。由于在教学中实施了"低起点、多层次"教学，每一名学生都自信地参与教学活动，感受教学带来的快乐，因而"中向优靠拢、落向中迈进"也十分自然。随着教学活动层次化由低到高的发展，学生学习和探究能力也得到了相应的提高，使各层次的学生都能在自己的邻近发展区"跳一跳，摘果子"。分层教学适应学生多极化的差异，并使处于不同水平或者类别的学生能得到充分的发展。

4. 分层体育教学有利于发挥学生在课堂教学中的主体作用

教学活动是师生双边的活动，学生是教学活动的主体，因此教学过程一定要符合学生认识事物的规律。分层教学的特点之一是尊重学生的需求和重视学生的情感体验，注意教师在教学活动中的主导作用的同时强调学生的主体地位，以充分发挥学生的学习潜能，提高学生的体育能力。分层教学改革了传统的教学手段和授课形式，促进教学过程的"个别化""个性化"，以学生独立的、自主的活动来代替班级呆板的、统一的活动，给学生更多适应个性的机会，尊重学生在知识、技能、兴趣、个性等方面客观存在的差异，努力实现"个别化"与"集体化"的最优组合，以弥补传统教学单一、呆板和僵死的严重缺陷。这是主体性教育思想对当前体育教育的迫切要求，也是体育课实施分层教学的优势。

5. 分层体育教学有利于提高学生的兴趣，树立终身体育的观念

学校体育是终身体育的基础，大学体育是学校体育的最后阶段，大学时期的体育教育对终身体育观念的树立有着重要的意义。在学校实施终身体育关键是要培养学生锻炼身体的兴趣，养成习惯，持之以恒。学生对参加学校体育的兴趣、爱好和习惯的形成，是奠定终生体育基础的重要标志之一。因此，在学校体育教学中应该培养学生对体育的兴趣、爱好，要求并促使学生养成体育锻炼的习惯。实施分层教学，就是根据学生原有的知识和技术水平，把学生分成相应的组别，为其设定相应的学习目标，这些目标对每个学生来说都不是可望而不可即的，也不是不努力就可以达到那么简单，而是经过一定的努力过程才会得到的收获。这种方式可以使学生感受到成功的快乐，从而提高学习兴趣，对能力较高的学生而言，难度可以设置得更大一些，让他们享受挑战的快乐。在每一个学生心中种下自信的种子，促使他们发挥积极性、主动性。

分层教学可以使每个同学在教师的引导下，根据自己的水平和能力从低层次目标开始逐步升级，这样每个学生的水平和能力都能得到提高，做到真正意义上的因材施教、循序渐进、由浅入深，有一定的梯度。学生根据自己的程度，通过自己的努力，实现自己最近发展区的运动能力，从而不断有所

进步和发展。分层教学是以"问题探索—问题解决"为主线，以学生自主探索活动为主体，以教师点拨为主导，以培养学生学习兴趣和能力为中心，以优化课堂教学、培养学生学科素质和大面积提高教学质量为目标的课堂教学模式作为学习的主体，学生虽然处于不同的认知和能力发展阶段，但是他们作为教育对象从本质上来讲没有优劣之分，只有不同层次之分，不同层次的学生所获得的相同甚至不相同程度的进步，对于教师来说本质上都是相同的。分层教学注重发展每一个学生的潜能，为不同的学生创造各种尝试、探索、发现和发展的条件和机会。在分层教学过程中，不同层次的学生通过努力，能在各自学习的最近发展区获得最佳发展，人格受到尊重，个性得以发展，素质得到提高。分层教学符合教学规律和学生实际，对学生发展有利，符合学生愿望，因此实施分层教学是必要而又可行的。

（二）高校体育课分层教学的实施原则与策略

1.普通高校体育课分层教学的实施原则

在普通高校体育课分层教学的实施过程中必须遵循七个教学原则，即因材施教原则、可接受原则、多元性原则、层次性和整体性原则、递进性原则、隐蔽性原则、反馈性原则。

（1）因材施教原则。因材施教原则要求做到全面、深入地了解学生，19世纪的俄国教育思想家康斯坦丁·德米特里耶维奇·乌申斯基（КонстантинДмитриевичУшинский）曾说过："如果教育学要在一切的关系上培养一个人，它就该首先了解人的一切关系。"可见了解学生的重要性，它是因材施教的基础。要想全面、深入地了解学生，就应坚持全面和发展的观点，科学分析其个别差异与可变因素，引导其向好的方向发展，有针对性地"对症下药"，把"因材施教"真正落实到每个学生身上。在教学中，既要从绝大多数学生的需要出发，又要考虑到个别需要。无论什么样的学生，肯定有其特殊的一面，要认识到每个学生都有自己的长处，并"对症下药"，采取有效措施发挥学生的特长，使其得到充分发展。

（2）可接受原则。巴班斯基指出："可接受原则要求教学的安排要符合学生实际学习的可能性，使他们在智力上、体力上、精神上都不会感到负担过重。"教学要求应该是学生学习可接受的，是学生通过努力可以达到的，可以使每一个学生充分地发展，层次的选择也应该是学生可接受的。

（3）多元性原则。体育课分层教学的层次不能简单地通过身体素质好坏、水平测试高低、运动技能掌握情况划分，应该提倡尊重学生的自我意识、兴趣、爱好、个性、特长等方面的区别。分层体育教学的形式也应该是多元化的，不应该拘泥于班级内分层、年级内分层、运动项目分层等单纯某一个形式，应坚持多形式包容贯穿。

（4）层次性和整体性原则。教师要充分考虑各层次学生的实际，包括其基础知识、学习方法、学习能力等多方面的实际情况，分层设计教学目标、教学内容、课外锻炼、测试与评价、矫正-调节-提高几部分形成的完整体系，虽然对学生进行分层教学，但学生的发展应该是完整的，让全体学生通过自己的努力都能得到最佳发展才是整体的目标。

（5）递进性原则。层次的划分要公正、客观，充分考虑学生的实际情况，同时要用发展的观点看待问题。经过学习，学生的学习情况是不断变化的，所以层次和目标也应是动态的。教师通过各种渠道，及时调整层次及教学计划，加强个别指导，使低层学生能大步跟上，少数优生能脱颖而出。对学生的分层是非固定的，教师要根据学生的学习和发展情况进行阶段性调节，做到"有进有出""有上有下"，目的是始终把学生置于最有利他们发展的环境中。

（6）隐蔽性原则。教学中从各层次学生的实际出发，尊重学生的人格和创新精神，在分层次教学的过程中不断增强他们的内驱力，使学生都能自觉地、积极地、主动地参与到整个教学活动之中，参与实现教学目标的全过程。对于学生分层的具体情况，教师应清楚地掌握，做到心中有数，但又不能将某个层次定义为差、中、优、良等，不将其作为评价学生的依据。这是因为分层不是一种针对学生学习成绩的终结性评价，也不是一种对学生能力的测验，而是为了学生的发展。具体操作时应注意保护学生的自尊心，尽量减少分层对学生造成的心理负担。

（7）反馈性原则。无论采取何种形式的分层，都要注意保护学生的自尊心。在实施教学策略的过程中，要加强反馈，及时补救。对中下层学生一点一滴的进步也要给予充分的肯定，激励他们努力向上，挑战自我，享受成功的喜悦。分层教学过程中，对教学内容和学生的掌握程度要评估准确，对各项内容分层效果评价要细致、科学，并设计或调整下一步教学。

2.普通高校体育课分层教学的实施策略

为了推动普通高校体育课的分层教学，在贯彻好分层教学的实施原则的前提下，必须采取若干有效的策略。笔者结合理论研究与以往的实践，提出实施分层体育教学的两种主要策略，即在体育教学中始终把握"以人为本"的教育理念和分层教学的方式及系统性。

（1）始终把握"以人为本"的教育理念。人的全面发展是教育追求的最高目标。当代世界教育思想发展的核心是以人为本。分层体育教育应贯彻以人为本的教育观念。在实行体育教学实践中，确立学生的主体地位，增强学生的学习自信，营造良好的教育氛围，发掘学生的发展潜能。人本主义教育认为，教育的核心目标就是挖掘学生的潜能，促进每个人内在潜能的发展，重视培养受教育者的完整人格。人本主义教育主张培养"完整的学生"，追求"人的能力的全域发展"。学生是学习的主体，人本主义教育从"以学生为中心"的教育原则出发，十分重视在教育过程中调动学生的积极性，发挥学生的主体作用，要求尊重学生的个体差异。人本主义教育认为，不论是发展的程度还是发展的方向，每个人的潜能是各具特色的，在教育过程中应承认差异，尊重差异。

（2）把握分层教学的方式及系统性。在分层方式上，有些学校盲目分层，或是分层标准单一，简单地按身体素质或运动技能的掌握程度将学生分成高、中、低班，这种单一地按某一个因素分班的方式可能给学生带来沉重的心理负担，使其失去自信心，同时低层班级的学生通常不能获得足够的教学资源和激发学习兴趣的课程。分层教学的方式可以依据学生的身体素质、运动技能掌握情况、学生的兴趣爱好、学生的自我倾向等关键因素通盘考虑，由学生自己选择，在对学生分层的基础上，在教学上要做到有针对性地进行分层备课、分层授课、分层训练、分层辅导、分层评价，使整个分层系统完善，建立新的考核评价制度，创新评价工具，以做到教学有的放矢、区别对待，最大限度地调动各层次学生的学习积极性，使每个学生在原有基础上得到尊重和发展。教师应根据实际情况对学生提出较高要求、一般要求和最低要求，把原来统一的教学内容变为不同层次的教学内容，让不同层次的学生自主选择适宜自己的目标要求，并在学习中表现出为达成目标所做出的积极行为，使面向全体与注重个别差异既辩证又统一，既突出群体水平的提高，又照顾了个别学生的一些特殊要求，激发了学生积极学习的竞争心理，贯彻激励原则和动态的层次管理的方式，随时肯定和帮助学生。作为教师还应该认真研究不同层次学生的特点、教学内容的安排、教法与学法的选择等多方面的问题，更好地完成分层教学的目标。

三、高校体育教学中分层教学模式的构建

随着高校体育课程改革的全面推开，重新审视和评价原有的教学模式是摆在广大体育教师面前的重要课题。传统的教学模式是以教师为中心构架的，教学目标的制定、教学方法的选择都是教师设计，学生始终处于被动的执行状态，每一道教学程序都是学生按照教师的"命令"运作的。分层教学模式强调在教学过程中发挥学生主体作用，注重学生参与教学过程的积极性和能动性，重视对学生能力的培养，以适应未来社会对公民素质的要求。在新的历史时期，体育课被赋予了更多的价值和使命，因此需要对传统体育教学模式进行多方面的改造，改变学生被动学习的方式，在体育教学中融入新方法、新观念、新技术，注重借鉴和创新的有机结合，这是推动体育课程改革向理想方向发展的必然趋势。

（一）分层教学模式的概念

教学模式是选择教材、构成课程和指导教学活动的一种计划或范型。分层次教学是基于学生有差异的前提下，教师依据学生的实际情况，以学生为主体，根据教学目标、教学内容采用的分层次方式，并在课堂教学中对不同层次的学生提出不同层次的教学要求，创立评估体系，从而使学生均能得到

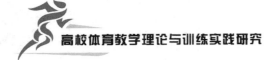

最充分的发展与提高的教学过程。分层次教学模式是面向全体学生，全面提高整体素质，促使每个学生在最适合自己的环境中求得最佳发展的一种计划或范型。

（二）分层教学模式的理论渊源

1. 因材施教思想

分层教学模式的思想渊源最早可追溯到春秋时期的孔子关于"因材施教"的思想。"因材施教"的教育思想的实质就是在共同的培养目标之下，根据教育对象的性格、意志、能力等方面的差异，有针对性地进行教学，使每个学生都能扬长避短，获得最佳发展模式。孔子非常关注学生的兴趣，注重分层优化。他明确提出："中人以上，可以语上也。中人以下，不可以语上也。"在学习上，何者为"中人以上"，何者为"中人以下"。孔子因材施教的基本内容是在发现其兴趣、优势后扬长避短，正确引导。孔子因材施教思想的精髓就是对不同的受教育者施以不同的教育，它既应成为我们实施教育的指导思想，也应是学生才能有效培养的捷径。

2. 教学过程最优化理论

巴班斯基教育思想的核心就是教学过程最优化。他指出："教学过程最优化是在全面考虑教学规律、原则、现代教学的形式和方法、该教学系统的特征以及内外部条件的基础上，为了使过程从既定标准看来发挥最有效的（最优的）作用而组织的控制。"他认为教学方法具有辩证统一性，各种方法互相渗透，师生从各方面相互作用，因此教师应该根据相应教学阶段的任务、教材内容的特点、学生的可能性以及教师运用各种方法的可能性来选择教学方法，并对教学方法进行最优组合，配合运用。分层教学要体现素质教育的精神，使全体学生既要学得好，又不感到负担过重，就要找到一种教学过程最优化的方法，使学生最大限度地获得全面发展。

3. 学科基本结构理论

外国教育家布鲁纳认为，教学活动的程序会影响学生获得知识和发展能力。因此，教师在教学过程中应该注意设计和选择最佳教学程序，这种程序要考虑学生认识的发展、学生个别差异等。教师必须充分考虑学生个体的不同技术水平和学习能力，对课堂上出现的具体情况做出有针对性的分析。教师要坚持因材施教，遵从教学的统一要求，既有利于大多数学生达到培养目标的要求，又有利于造就一批优秀人才，并使学生的个性得到全面而充分的提高。

（三）分层教学模式在高校体育中运用的必要性

分层教学模式具有不同于传统教学模式的功能和价值。首先，该模式是从承认学生个性差异的角度，在尊重学生个性的基础上，依据学生的不同特点，因材施教地进行各种教学活动，使教学的目标和方法尽可能符合学生实际，从而避免教育的盲目性。分层教学不但体现差异性，尊重学生的个性化特征，也注重全面发展，在教学过程中能够最大限度地消除智力歧视，能够被大部分学生所接受，成为一种较为理想的教学模式。其次，该模式强调的是在教学的过程中，通过促使学生积极主动地参与，顺利完成既定的教学目标和任务。通过教师的正确引导，提高学生的学习积极性，为学生营造一个有利于发挥自己才能的良好环境。再次，该模式更加注重学生创新意识的培养。分层教学实施过程中，对学生的个性差异、知识结构、认知能力、综合素质等进行深入的调查研究，能够比较全面地了解学生的各方面素质，并根据学生的特长和个性特征，做到因材施教。最后，分层教学模式更加重视学生非智力因素的培养。非智力因素包括毅力、习惯、兴趣、态度等，是影响学生学习质量的外在因素。分层教学模式重视培养学生顽强的毅力、良好的学习习惯、正确的学习方法、浓厚的学习兴趣、严谨的学习态度等，能够充分挖掘学生内在的潜能，塑造良好的个性。

在传统的高校体育课教学中，过分强调教师的权威和授业功能，不把学生当成学习和发展的主体，仅看成是被动接受教育的客体。部分教师运用机械灌输与强制训练的方法，把自己的知识和观念强加给学生，按照教师既定的模式去塑造学生，而不是从学生的身心出发，努力促进其能力和人格的发展，以致严重遏制了学生的主体能动性。实施分层教学模式，就是要求教师在教学过程中，强调学生"主体参与"的必要性和可能性，承认在整个学习活动中学生是学习和发展的主体，从而树立起"以学生为主体"的观念。另外，由于学生具有能动性、自主性和创造性，因此在学习活动中学生是学习和发展的主体。但是，学生要想真正成为学习的主体，必须具有对学习活动和学习所要达到的目标有强烈的兴趣，从而愿意学习、乐于学习。体育课教学中，要采取有效的措施来提高学生的学习动机和学习兴趣。教师不但要完成教学任务，还要在教学中清醒地认识到自己的"导演者"角色。分层次教学法以学生为中心，根据不同的学生制定不同的学习目标、教学计划和教学手段，使基础接近的各层次学生有共同的努力目标，克服教学流程中出现的一些负面影响，从而有利于建立一个优化的学习环境。

（四）分层教学模式在高校体育课中的构建原则

1. 以人为本的原则

以人为本是现代教育理论的重要方面，它强调以人尤其是个人的兴趣、价值观和尊严作为出发点，主张发展学生的个性和追求自我价值的实现。分层教学贯彻了以人为本的原则，根据不同学生的能力制订不同的教学计划，使能力相近的学生有共同的奋斗目标。学生的学习过程不应是被动灌输的，而是一个主动的过程。以人为本是现代教育理念的重要方面，分层教学正是根据主体的实际情况，以人为本，面向全体学生，调动每一个学生的主动性和积极性，增强学生的自信心和责任感，减轻学生的思想负担和心理负担的一种教学方式。通过在教学实践中以学定教，使每个学生都获得适合自身特点的教育，得到全面和谐健康的发展，让他们逐步从被教育转变到主动获取知识。

2. 区别对待的原则

无论是先天遗传的，还是后天培养的，人的个体差异是客观存在的。学生的身心发展，在一定年龄阶段具有一定的稳定性和普遍性。但因受每个人的生理素质、环境和教育的影响，以及主观努力诸方面的差异，使处于一定年龄阶段学生的身心发展水平又表现出其特殊性和差异性。在体育教学的实践过程中，教师要充分考虑学生在各方面的差异，因人施教、因材施教。也就是在认真分析学生差异性的基础上，教师选择适合不同发展层次学生的教育方式，使学生在各自隶属的层次上，最大化实现个性的发展。教师在备课时必须精心设计教学方案和程序，按不同层次学生的特点选择合适的教学方法，有区别地进行教学活动。

3. 隐蔽与递进的原则

高校体育课教学从各层次学生的实际出发，尊重学生的人格和创新精神，在分层教学过程中不断增强他们的内驱力，使有差异的学生都能自觉地、积极地、主动地参与到整个教学活动之中，参与实现教学目标的全过程。教师应清楚学生分层的具体情况，不能把学生简单分为优、良、中、差等层次，不能把这看成评价学生的依据，尽量不对学生透露分层信息，减少由分层对学生造成的心理负担。高校体育课实践性较强，学生层次的划分要公正、客观，充分考虑学生的实际情况。同时要用发展的观点看待问题。经过学习，学生的学习情况是不断变化的，所以层次和目标也应是递进的。教师要通过各种渠道，及时调整层次及教学计划，加强个别指导。对学生的分层划块是非固定的，教师要根据学生的学习和发展情况进行阶段性调节。

从 20 世纪 70 年代初期出版了由乔伊斯和韦尔合著的《教学模式》一书之后，一个新的教学研究领域——"教学模式论"开创了，在教育界引起较大反响，也冲击和影响了我国的教育界。分层教学模式的实施从根本上改变了过去单一刻板的教学形式，其教学方法多样，能够保持体育教学的灵活性和发展性。高校体育课实施分层教学模式从根本上强调学习过程以学生为中心，教师处于辅导的地位，依据学生发展的需要和学生技能掌握的不同程度进行分层教学，采用激发学生动机、民主参与的形式，充分发展学生的身心。从这个意义上说，体育教师要学会构建分层教学模式，以适应学校教育改革和学校体育改革的需要。

（五）高校体育教学中分层教学模式的构建策略

1. 立足教学实际和学情，对学生进行合理分层

高校体育教学中分层教学模式的构建，需要以教师对学生的充分了解为

基础和前提，所以高校体育教师在制订体育教学方案时，一定要先对教育对象进行充分了解，根据大学生的身体素质、运动基础、锻炼习惯、兴趣爱好等对学生进行合理分层，做到对学生学情的准确把握，并且以此作为体育分层教学的重要依据，对学生进行合理分层。在此基础上，体育教师可以对不同水平的学生进行分层教学，但是在对学生进行分层时，必须考虑到大学生的自主意愿，当学生自身的能力与所处层次不太相符时，要允许学生进行调整，这样才能保持学生对体育学习的积极性。

2. 制定富有层次的体育教学目标

高校体育教师在对学生进行合理分层的基础上，需要针对不同层次学生的特点制定差异化的教学目标。一方面，体育教师要制定长期目标和短期目标。长期目标要面向全体学生，而且要尽量保持一致；短期目标则应当有所差异。对高层次的学生不仅要有基础性的体育教学目标，还应当有提高性、拓展性的教学目标；低层次学生则应当以基础性的教学目标为主。另一方面，体育教师对教学目标的制定要有针对性，坚持递进原则，教学目标的制定要具有可操作性和较强的执行力，这样才能确保分层教学目标的顺利实现。

3. 丰富教学方法，提高分层教学效果

由于不同层次学生在身体素质和运动能力等方面的差异，体育教师在选择教学方法时也应当有所区分，这样才能确保各个层次学生的体育学习效果。对于高水平层次的学生，由于学生基本具备了良好的基础素质和能力，所以教师可以多采取集体性的教学方法，如以赛代练的教学方法，可以充分调动学生的参与热情，让学生在实际的竞争与对抗中激发学习潜能，促进学生技战术素质的提升。对于中等层次的学生，教师可以多采取一些启发式的教学方法，让学生对技术动作的连贯性和技战术等进行更加深入的掌握和理解，使学生的体育综合素质能够再上一个台阶。而对于低层次的学生，教师则可以多采取示范讲解法、多媒体教学法、快乐教学法等方法，以激发学生的体育学习热情，提高学生的知识感知能力和领悟能力。

4. 完善评价机制，实施分层评价

由于不同层次学生之间的素质差异，体育教师在制定教学评价机制时，要根据不同层次学生的特征制定差异化的评价策略，高评价标准应该适用于高水平层次的学生，低评价标准应该适用于低水平层次的学生。同时，高校体育教师要坚持过程性评价与终结性评价的有机结合，要考虑到学生的学习态度、体育情感、进步情况等，并对学生及时鼓励和表扬。此外，体育教师要鼓励学生开展自我评价和相互评价，营造出互帮互助、共同进步的良好学习氛围。

总之，高校体育教师需要在"因材施教"理念的指导下，充分了解学生的身体素质和体育学习需求，制定差异化的体育教学目标、教学内容和评价标准，充分调动不同层次学生对体育课程的学习兴趣，让学生真正认识到体育运动的价值和魅力，在课外养成良好的体育健身习惯，促进学生终身体育意识的培养，最终实现学生身心素质的同步改善。

第四节　翻转课堂教学模式的应用

一、翻转课堂的基本内涵与相关理论研究

（一）翻转课堂基本概念

1. 翻转课堂概念界定

"翻转课堂"是由英语"flipped class model"翻译而来，一般又被称作"反转课堂式教学模式"，这里的"翻转"是较传统课堂式教学模式而言的。国内外对于翻转课堂的概念有不同的解释。

美国最早实践翻转课堂教学模式的亚伦·萨姆斯（Aaron Sams）认为，翻转课堂最基本的理念是把传统课堂上对课程内容的直接讲授移到课外，充分利用节省下来的时间来满足不同个体的需求。

英特尔全球教育总监布莱恩·冈萨雷斯（Brian Gonzalez）认为，颠倒的教室是指教育者赋予学生更多的自由，把知识传授的过程放在教室外，让大家选择最适合自己的方式接受新知识，而把知识内化的过程放在教室内，以便同学之间、同学和老师之间有更多的沟通和交流。

江苏省苏州市电化教育馆金陵认为，所谓翻转课堂，是指把"老师白天在教室上课，学生晚上回家做作业"的教学结构翻转过来，构建"学生白天在教室完成知识吸收与掌握的知识内化过程，晚上回家学习新知识"的教学结构，形成让学生在课堂上完成知识吸收与掌握的内化过程，在课堂外完成知识学习的新型课堂教学结构。

清华大学信息化技术中心钟晓流等认为，所谓翻转课堂，就是在信息化环境中，课程教师提供以教学视频为主要形式的学习资源，学生在上课前完成对教学视频等学习资源的观看和学习，师生在课堂上一起完成作业答疑、协作探究和互动交流等活动的一种新型的教学模式。

笔者较认同钟晓流等人的观点，认为翻转课堂是在信息技术支持的环境中，课前教师为学生提供针对性的教学视频和学习任务单等资料供学生开展自主学习，实现知识传递，课上通过自主探究、合作探究、师生共同答疑等形式，完成知识内化的一种新型教与学的形式。

2. 翻转课堂的本质内涵

从形式上看，翻转课堂教学形式是对传统课堂教学形式中课下与课上环节的颠倒，将传统教学形式中课上的知识传递过程与课下的知识内化过程颠倒过来，在课前实现知识的传递，在课上完成知识的内化。从宏观层面上看翻转课堂的本质可以发现，翻转课堂获得了信息技术的大力支持，在这种支持下，触发了学校教育模式的整体变革，关键是教师和学生之间的关系、地位和作用的本质性转变。翻转课堂将传统教学中以教师为主体变革为以学生为主体，教学流程采用课前在线学习和课上面对面交流、合作的形式，通过课前的知识获取和课上知识的内化，分解知识的难度，增加知识内化的次数，促进学生知识的有意义建构，实现掌握知识的最终目标。由此，在翻转课堂中，学校和教师由关注课堂教学内容转变为关注学生学习活动的全过程。

3. 翻转课堂的优势分析

（1）有助于个性化学习和因材施教。在翻转课堂中，无论课前、课上和课后，学生都能够依据自身情况设定自己的学习步调，而不必去追赶步调快的学生或等待步调慢的学生，真正实现了分层次学习。学生遇到困难、疑感时，能得到有针对性的指导，教师还可以根据不同学生的不同情况布置不同的任务，真正实现了个性化学习，培优补差，因材施教。

（2）有助于素质教育的推进。目前，我国推行的素质教育要求以全面提高全体学生的基本素质为根本目的，尊重学生的个性，注重创造能力、自学能力的培养。学生根据自己的步调开展学习，并能随时获得个性化指导，充分体现了学生的主体地位。课堂上主要以学生的自主探究和协作探究活动为主，以此培养学生的自学能力、探究能力和创造能力。翻转课堂丰富了教学内容，扩大了知识量，开阔了学生的视野，对学生综合素质的培养具有显著作用。同时，翻转课堂关注学生整个学习过程，关注学生个体的全面发展。

（3）有助于教学相长。在翻转课堂中，教师需要策划出让学生感兴趣、具有一定难度的问题，需要录制出思路清晰、高质量的微视频，需要为学生提供一系列丰富、有趣的学习资源，为学生提供针对性的指导，对学习对象进行分析，需要对学生开展多元化学习评价。因此，翻转课堂教学形式是对教师技能的挑战，也有助于教师教学相长。

（4）有助于发挥信息化在教育中的作用。信息技术的注入，使学习过程突破了时空的限制。在传统课堂中，由于受课堂有限时间的限制，教师只能为学生提供最简洁、最有用的学习资源。而在翻转课堂中，教师可通过网络环境向学生提供形式多样、内容丰富的学习资源，尤其是教学视频的使用，使翻转的课堂得以实现，也使学生的个性化学习、分层次学习变为现实。信息技术的使用弥补了时间和空间不便，使师生之间、学生与学生之间可以随时随地开展互动。并且，教师可以通过网络环境及时掌握学生的学习情况。另外，翻转课堂还有助于提升师生的信息技术素养，提高运用现代教育技术的能力。

当然，翻转课堂也存在一定的不足，如需要有一定的硬件和软件支持、学生长时间观看教学视频可能会对视力产生一定影响等，对学生的自主学习能力、教师的微视频的制作能力、课堂活动的设计能力，以及师生的信息素养都提出了挑战。

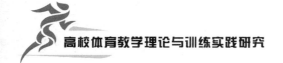
（二）翻转课堂教学模式相关理论基础

从翻转课堂本质上看，翻转课堂的理论基础主要包含掌握学习理论、混合学习理论和建构主义学习理论。

1. 掌握学习理论

掌握学习理论是翻转课堂教学法的理论基础。掌握学习法由美国教育家本杰明·布鲁姆（Benjamin Bloom，以下简称"布鲁姆"）最先提出，20世纪60年代，布鲁姆向"学生学习能力呈正态分布"的观点发起挑战，他反对"只有少部分学生才能取得好成绩"的观点。布鲁姆认为，部分学生成绩不好的原因是教师没有向学生提供最适合的辅导。在当前传统课堂中，教师只给予班中约1/3的学生良好的鼓励和关注，绝大多数学习成绩不好的学生并不是智力低下造成的，而是在学习过程中失误不断积累，并且未能得到及时、合理的帮助造成的。例如，考95分的学生，还是有5分不知道的知识。因此，学的知识越多，学生的困惑就越多。大多数学生学习上的差异，多是学习速度上的差异。布鲁姆认为，只要提供足够的时间，学生的成绩将不是正态分布，绝大多数的学生都会掌握学习任务，会有良好的成绩，这就是布鲁姆的掌握学习理论。

从布鲁姆的关于与一对一个别教学方法等效的群体教学方法的研究中可以得出，掌握学习法在群体教学中也能使学生很好地掌握所学知识，教师将教材内容分解成一系列较小的学习单元，设计单元教学目标，并按照学习顺序组织起来，学生进行群体学习，在教授新课前，教师对学生的先备知识予以充分认识，并根据形成性评价的结果对未达标的学生给予补偿性矫正学习，即给群体学习中速度较慢的学生以额外的学习时间，最后再次进行形成性评价，检测学生的掌握情况。

翻转课堂的出现，使掌握学习得以真正实现，借助信息技术的支持，使个性化辅导更易实现。翻转课堂中，通过视频课程，学生能真正根据自身情况来自主安排和控制学习，观看视频的节奏全由自己掌握，掌握了的内容快进或跳过，没掌握的内容倒退并反复观看，也可停下来思考或做笔记。之后，课堂上的指导和互动更具针对性和人性化。另外，翻转课堂为每一个学生提供频繁的反馈和个别化的矫正性帮助，通过形成性检测方式，揭示学生学习中存在的问题，通过矫正性辅导，达到掌握知识的目的。

2. 混合学习理论

混合学习是继网络学习后，教育领域又出现的一个新名词。对于混合学习，李克东教授认为，混合学习是人们对网络学习进行反思后，出现在教育领域，尤其是教育技术领域较为流行的一个术语，其主要思想是把面对面教学和在线学习两种学习模式整合，以达到降低成本，提高效益的目的。何克抗教授将混合学习更简单地概述为"把传统学习方式的优势同网络化学习的优势结合起来"，既发挥教师的引导、启发、监控教学过程的主导作用，又充分体现学生作为学习主体的主动性、积极性与创造性。将这二者结合，使其优势互补，能够获得最佳的学习效果。

从总体上看，混合学习包括了学习理论、学习资源、学习环境和学习方式的混合。在混合学习中，既体现教师的主导作用，又体现学生的主体地位。网络学习资源和传统教学资源相融合，既创设了网络学习环境，又有传统课堂环境。从学生视角看翻转课堂，是学生课前根据自己的需要，选择适合自己的步调观看教学视频，开展网络学习，完成知识传递。在面对面的课堂中，当学生遇到问题时，可以随时寻求教师或同伴的帮助，在教师的指导下或同伴间协作解决问题，实现知识内化。由此可见，翻转课堂正是网络学习与传统面授的结合，它将面对面的教学与在线学习进行优势互补，通过创造性地使用技术和微视频的学习活动，提升学习的效果。

3. 建构主义学习理论

建构主义学习理论内容丰富，其思想主要来源于认知加工学说，以及维果茨基、让·皮亚杰（Jean Piaget，以下简称"皮亚杰"）和布鲁纳等人的思想，是近年来流行的一种新型学习理论。建构主义学习理论最先由瑞士心理学家皮亚杰提出，他认为学生知识的获得，不仅取决于其自身积极主动地获取知识的精神，还需要借助他人（如教师、同伴）的帮助或者查找必要的资料，在与外界客体的交互中获取知识。建构主义学习理论包含情景、协作、会话和意义建构四大环境要素，利用情景、协作、会话等学习环境发挥学生学习的主观能动性，实现对所学知识的意义构建。翻转课堂的设计与实施遵循了建构主义的基本思想，以学生作为学习的主体，教师提供必要的资料，并帮助创设情景、协作和会话环境，让学生在自主学习、协作学习中实现知识的意义建构。建构主义学习理论为翻转课堂的可行性和科学性提供了有力支撑。

二、高校体育教学应用翻转课堂教学模式可行性探究

传统的教学模式会对高校体育整体性起到教学阻碍作用，应用翻转课堂这一新型模式，能够在发挥教学模式优势的基础上，实现高校体育教学事业的进步，同时还会不同程度地强化学生体育素质。由此可见，探究翻转课堂可行性对高校体育发展具有重要意义。

（一）高校体育教学应用翻转课堂教学模式的主要优势

翻转课堂作为新型教学方式的一种，能够借助网络优势进行课件教学、作业下发、作业检查、师生互动、教学评价、体育视频播放，并且学生还能借此对体育理论进行旧知温习、体育新知预习。它能够打破以往体育学习的时间限制和空间制约，高校体育教学应用这一模式，能够实现教学质量优化和教学效率提升。

高校体育教学中应用这一模式，即在实际体育教学中引导学生自学，之后教师针对教材内容进行知识点传授。它能调动学生学习体育的主动性，促使学生养成良好的体育学习习惯，学生学习体育的自信心和热情也能及时增强。学生在掌握丰富知识的基础上，会主动配合教师组织的各项体育活动，这对增进师生关系具有积极意义。

（二）高校体育教学应用翻转课堂教学模式的主要特点

1.体育教师是课程的引导者

在翻转课堂中，体育教师是整个学习过程中的引导者。在与培养目标没有矛盾的情况下，示范及讲解在课前体育视频中可明确获得，学生所喜爱的重点内容产生于课前的师生沟通。体育课程实际上成了一种训练课程，教师只是扮演引导者的角色，对不同的对象展开相应的指导，在完成一个单元的

训练后，教师要对学生的掌握情况进行评价，进一步完善课堂活动的设计。

2. 学生是翻转课堂的主角

在翻转课堂教学模式下，学生是课堂的主角。一方面，学生在课前的视频中观看相关动作的示范和讲解，对于费解之处可以反复观看，也可以学习其他资源的课程信息，总之可以自行确定学习的进度。另一方面，学生在课堂与教师、同学进行知识交流，确定练习的关键和方向，体能练习从个人的实际需要出发，兼顾不同体育动机的差异。此外，实际的课堂练习环节，既是学生的高度参与过程，也是学生能够部分掌控的过程，比如选择适合自己的练习方式和训练难度，或者和熟悉的同学协作练习。

3. 课堂时间延长并且效率高

翻转课堂最突出的特征就在于显著缩短了课堂上的讲授时间，给学生创造了更多训练的时间，并把过去课堂讲授的内容转移到课前，在科学直观的视频资料当中，学生可以自行完成对技术要领的理论认知。如此一来，学生在课堂上就有了更加充沛的时间进行实际训练，由于课前的互动交流，教师可以进行有针对性的指导，也能让训练的效率更上一层楼。教师第一时间的反馈，可以让学生及时了解到自身的长处与不足，从而对自身的学习状态进行调整。从客观上来看，翻转课堂在延长练习时间的同时，也提高了练习的效率，保证了充分的体能训练时间和高效的学习过程，可以从根本上实现"教""练"并举。

（三）高校体育教学应用翻转课堂教学模式可行性分析

1. 必要性

一方面，高校体育教学应用翻转课堂教学模式是新课改的需要。随着我国体育事业的持续发展，体育行业优秀人才数量较少，高校作为体育人才培养的重要场所，应在体育教学中创新教学方式，深化体育教学改革，在网络信息技术背景下充分发挥网络优势，以此丰富体育教学内容，利用网络技术实现体育教学资源的有效整合，促使学生在网络教学优势的带动下实现体育知识的个性化、信息化学习。与此同时，翻转课堂的有效性应用也是高校体育顺应素质改革要求的良好表现，翻转课堂能够对传统教学模式进行有效创新，提高体育课堂活力，提高学生在体育学习中的主体地位。

另一方面，高校体育教学应用翻转课堂教学模式是高校体育教学的需要。高校体育在实际教学中应用翻转课堂，是在尊重学生体育学习成绩差异性的基础上，有针对性地开展个性化教学活动，并根据每位学生的学习时间、学习基础、学习能力的不同，制定针对性的体育教学视频，针对学生在体育方面存在的不足，对其进行针对性弥补，从而迎合我国高校体育教学的需要，实现体育教学效率的提高。

2. 可行性

首先，技术原理和教学原理相统一。高校体育主要以强化学生体育能力、开阔学生体育视野为目标，翻转课堂应用的过程是在技术设备辅助下提高学生的体育素养和体育水平，二者存在目标一致性，因此翻转课堂具有可行性。此外，翻转课堂的应用过程与学生的学习过程相一致，在学习体育知识和体育技能之前，学生应首先对新内容进行全面认识和掌握，在此基础上，认真对内容展开深入探究，必要时由教师提供教学指导，经过多样性、重复性练习后，学生的体育技能能够得到提高。从上述对翻转课堂的介绍可知，二者存在应用过程一致性，学生在这一教学模式中能够实现巩固体育知识、提高体育能力的目标。

其次，翻转课堂具备较强的适用性。通过资料分析可知，无论是在理论应用方面，还是在课堂实践方面，翻转课堂在教学领域中的应用优势不容忽视，并且国内外均对此有详细的研究。经实践证明，翻转课堂的学科应用价值较高，将它应用于体育教学，能够帮助学生巩固基础知识，同时还会对学生的体育短板进行有效弥补，从而促进学生全面发展。翻转课堂正是基于适用性特点，才能在高校体育教学中有效应用。

最后，翻转课堂硬件条件优越。高校体育在实际教学中，翻转课堂能够为其提供信息技术支持，多媒体信息技术设备的功能性还会实现体育知识的有效传递，教师借助多媒体设备完成幻灯片制作后，学生能够互相进行课件复制，从而实现对知识内容的反复观看，并且学生还能及时完成网上作业，体育课件的学习价值也会相应提高。目前，高校学生能够保证每人一台电脑，即使个别学生没有电脑设备，高校电子阅览室也会为学生提供多媒体设备支持，这为翻转课堂的应用提供了信息技术支持。可见，高校体育教学应用翻转课堂教学模式具有一定可行性。

综上所述，从必要性和可行性两方面来分析，翻转课堂教学模式在高校体育教学中的应用具有可行性。为此，高校体育教师应转变对这种教学模式的应用看法和应用实践，提高翻转课堂在实际体育教学中的应用策略，通过彰显翻转课堂应用优势来提高学生的体育能力，强化学生的体育素质。此外，还能实现高校体育改革深化和体育教学效率的提高。

（四）高校体育教学应用翻转课堂教学模式的具体实施

1. 体育教学视频的制作

体育教学视频的质量会对学生总体的学习质量产生深刻的影响。体育教师自己所录制的教学视频与所设定的体育教学目标、教学内容有很高的契合度，而且教师也能够依据每个学生技能的差别、性别的不同及素质高低，制作多个不同形式的教学视频。现阶段，我国已经有很多高校已经具备了完善的大学体育网络资源，通过微课的形式展现所有公共体育选项内容，学生可以轻松从网上获得资源。

体育教师也可以在开放化、多样化的教育资源中吸纳精华，如大学体育公开课资源、国家精品课程网站等，不但能节约大量人力物力，提升体育资源的总体利用效率，还能让学生接触到优秀师资的教学内容。不过需要注意的是，使用这类资源一定要结合学校的实际情况，让体育项目的责任人调整后再运用。

2. 确定核心问题并展开有针对性的训练

学生在观看完教学录像之后，或许要完成简单的问卷，在指定的范围当中，研究学生所关注的教学重点和教学难点，并且粗略把握学生的技能水平，制定相应的练习策略，学生也可以凭借与同学的交流来提升自己。如此一来，便能够在极为有限的时间里，设计使用高效的练习方式。学生需完成所布置的针对性课程训练，教师必须对这些练习的内容及方式进行反复斟酌，展开合理设计，并且和学生进行有效的交流及沟通。例如：在练习篮球的运球技术之前，可以先展开一些相对简单的球性练习；在进行武术训练时，可以先训练一些简单的步法，有助于深入了解技术动作，为课堂练习奠定基础。

3. 独立与协作相融合的课堂学习过程

翻转课堂不仅充分延长了课堂的练习时间，还显著提高了练习的总体效率，尊重了学生的个体差异，以练习手段来区分体育基础不同的学生。和学生交流互动过程中所获得的信息，可以帮助体育教师在布置练习时使用多元化的练习方式及要求，所以独立自觉地进行练习、完成练习便成了翻转课堂的关键环节。

然而独立的训练也并不完全是独立的，教师会根据实际的训练情况随时进行指导，让技术训练朝正确的方向发展。除此之外，在练习技术动作的过程之中，学生还可以相互交流、协作进行，让基础好的学生给予后进生一定的帮助。当然，学生的"指导辅助"及"独立自觉"同样也会展现在最后的课堂评价中。

4. 反馈评价多元化

在过去的课堂教学模式中，所采用的评价方式都是期末考试的技能测验，属于总结性评价，体育基础良好的学生即便平时不努力，最后也同样能够获得理想的分数，而体育基础较差的学生只能为了获取一个合格的分数不断努力，这导致体育课程的健身性与教师教授技能的效果均受到了严重的限制。这种评价方式在翻转课堂中是无法确保所有学生的参与度和学习主动性的，而且也会使翻转课堂逐渐失去意义。

在翻转课堂中，所需要的评价方式和过去的体育课是截然不同的，必须高度重视对整个学习过程的评价。每节课体育教师都会依据学生的训练情况，如完成度、技能进步区间及成员之间的合作能力，对学生在这一堂课中的表现进行综合性评价。在对这些信息进行记录之后，教师会在下课时给出评价结果，让学生在第一时间获取反馈，调整自己的学习状态。除此之外，总结性评价也应改革并保留。首先，考核内容的自主性，分为必考技能及选考技能两块；其次，把理论知识归入考试大纲，出一些相对简单的试题或考查学生对体育课的感受；最后，总结性评价的标准可以依据过程性的结果进行适当调整。若一个学生的体育基础非常好，可以适当提升标准，反之则适当降低标准。

三、高校体育教学中翻转课堂教学模式的运用

随着我国高校体育教学的深入改革，原有的教学方式已经不能满足现代体育教学的需求，以及社会对人才的需求。教学模式的改革与创新是现代教学中最为重要的一步，它对我国高校体育教学起着至关重要的作用。新型的教学模式应适应现代社会发展需求，既要有技术动作的示范，又要有理论知识的讲解。为了构建一种新型的体育教学模式，应将翻转课堂教学模式引入。这一教学模式不仅能够增加教师与学生之间的互动率，还能让学生更全面、系统地学习理论知识。翻转课堂赋予了学生更多自由学习、自由发挥、自由想象的空间，还给现代体育教学开辟了一条崭新的道路。

（一）翻转课堂应具备的条件

1.信息技术及设备的保障

翻转课堂就是让学生在课前通过互联网、计算机获取教学内容及教师自行制作的学习资源包，以此让学生提前掌握所学的知识，在课堂上针对原有的教学内容来与教师进行互动讨论。这种新型的教学模式以互联网和计算机为基础，通过一种具有开放性及前沿性的教学方式来达到提升学生学习兴趣、调动学生主观能动性的目的。

2.学生自主学习的能力

翻转课堂教学模式的顺利进行，与学生自身的自主学习能力是密不可分的。计算机、互联网是基础，学生的自主学习能力是前提。学生应通过使用学习课件来发现并整理其中的教学内容，认识到自己对本知识的掌握程度及不足，在课上积极与教师互动，来完成教学内容的学习。

3.学生发现问题和解决问题的能力

翻转课堂打破了原有的教学模式，把传统课堂的"以教师为核心"变成

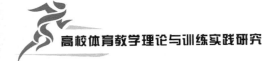

了"以学生自主学习为核心"。在此过程中，学生要具备发现问题及解决问题的能力，认真观看并理解课件或视频的内容，思考自己对这一课件或视频在理解上的不足，课前做好准备，带着问题上课。

（二）翻转课堂教学模式在高校体育教学中应用的重要性分析

翻转课堂教学模式有助于体育教学目标的高效实现。在翻转课堂教学模式中，高校体育教师可以以说课、研讨、交流讨论等形式，就学校体育学和体育教学论的课程资源建设、教材编写、教学方法的应用等具体问题进行深入的探讨，为进一步提升学校体育学、体育教学论课程建设水平，不断提高体育专业人才培养质量，达成"全民健康"提供智力和人力支持。翻转课堂教学模式要求教师应掌握较为系统、全面的体育教学理论和技能实践，能够运用最先进的教学理念和教学方法让学生展开合作学习，进行探究式学习和自主式学习，不断提升学生的动手、动脑能力和信息化水平。

（三）翻转课堂教学模式在高校体育教学中的应用

1. 有效进行课前设计，创新体育教学形式

在这种教学模式下，教师需要做好充分的课前准备，进行相关体育运动项目课程资源包的设计，将下节课需要教授的重点内容进行梳理，构建教学框架，设计成体育教学资源包，通过学校公开学习教育平台实现资源共享。学生对教师分享的资源包自行进行下载预习，明确下节课的学习内容，对教师的整体教学框架和教学思路有一个明确的把握，做好课前准备，提高课堂教学效率。

2. 发挥课中教师的作用，引导学生自主探究学习

新时代，要想在体育课中实施翻转课堂，教师应适时进行引导和点拨，运用现代化教学媒体，结合线上线下的教学方式，针对每个学生的学习特点因材施教，让学生回归课堂。翻转课堂实际上是对学生学习方式的改变及对教师教学方法的挑战，主要体现在能够让学生更专注于主动开始基于项目的学习、增加学习中的互动及强化探究性学习的过程。体育课中，教师的教学重点是和学生交流、讨论、答疑，共同研究，突破重难点。就翻转课堂教学

模式的实施来说，体育教师要注重各个环节的注意事项及度的把控。建议高校体育教师可以以视频为抓手，逐步进行课程建设，改变传统的教学模式，探索移动环境下即时互动教学模式，改变传统观念，进行教学改革，以学生体育实际学习效果为导向，从而满足学生个性化学习和成长成才需要，让课堂生动有"温度"。翻转课堂中，教师要不断优化教学设计，充分调动学生自主的学习热情。例如，在开展篮球课程教学前，教师通过课前制作的教学视频资源包分享，让学生对篮球运动项目有一个基本的了解。课上，教师要求学生组成若干个小组，每个小组要针对视频教学进行总结和问题反馈，并要求各小组成员要集体进行基本的动作演示，其他小组观看，找出问题并纠正问题。通过这样的课程教学，能够转换师生地位，提升学生的课堂主体地位，发挥学生主观能动性，让学生自主发现问题、研究问题并解决问题，教师在这一过程中只需要适当地进行引导和辅助即可。

3. 引导学生进行课后学习规划，不断调整教学方案

实施体育翻转课堂教学模式，教师在完成课前、课中的教学资源整理、设计、点拨、指导后，还需要注意在课后引导学生自主规划学习内容、学习节奏、风格和呈现知识的方式，让他们养成良好的体育学习习惯，改变以往的被动学习状态。另外，教师要注重对学生课中的学习情况进行总结，反思教学中存在的问题，从而不断进行教学设计和教学方案的调整和优化，总体上把握学生体育课程学习情况。例如，教师在课后根据学生在线上资源学习和技巧掌握中存在的疑问进行了解，统计多数学生在学习中遇到的共同难题，针对难题，制定解决方案，为学生进行在线解答或是在下节课进行现场解答，为实现高效的教学互动奠定基础。

（四）翻转课堂教学模式在高校体育教学中应用的效果

翻转课堂在众多高校中已有所反馈，学生表示喜爱，并表达了其激发学习兴趣的感想。通过调查发现，83.5% 的学生对翻转课堂教学模式表示喜爱，认为这种教学模式的精彩之处在于用到了现代多媒体手段，激发了自身的学习兴趣，并期望能看到更加精彩的视频课件。78.6% 的学生认为翻转课堂教

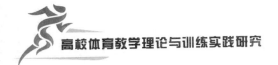

学模式能够提高主观能动性，端正学习动机，并能让每一位学生都有所参与、有所互动。70%的体育教师表示应用这种教学模式不仅能够明显感受到学生的学习主动性，还能减少教师因烦琐的传统教学过程而产生的疲劳感。

翻转课堂教学模式打破了原有的传统的体育教学模式，构建了新型、高效的教育方法，使教学更加规范化、标准化，同时也统一了学生的学习思想，拉近了师生的关系，使整个学习过程变得轻松有趣。此教学模式通过课前、课中、课后三个教学板块，整体贯穿了一组教学内容，使教学更加具有连贯性和整体性。翻转课堂教学模式也被誉为"影响课堂教学的重大技术变革"。但是，要想使翻转课堂教学模式真正融入千万高校，真正让每一个学生能够有所收获，还需要教师与学者共同努力。

第六章　高校体育运动训练实践

第一节　力量素质训练

一、力量素质及影响力量的因素

（一）力量素质及力量素质训练的意义

1. 力量素质的概念

人体在任何运动中都离不开肌肉的收缩力量，它会维持人体的基础生活能力。力量在人体中可以分为内力和外力。内力是人体神经肌肉系统活动时，对抗和克服外力的能力；外力是因外阻力而引起的力，如克服重力、摩擦力等。

力量是身体素质的一种。所谓的力量素质，就是人体获得身体某部分肌肉在工作时克服阻力的能力。在人体参加运动时，力量素质指的是肌肉力量，即机体完成动作时肌肉收缩对抗阻力的能力。力量素质主要是通过肌肉的工作形式表现出来的，如肌肉在工作时要克服的阻力有内部阻力和外部阻力。外部阻力包括摩擦力、物体重量、空气阻力等。内部阻力是指肌肉间的对抗力、肌肉的黏滞性等。决定肌肉力量大小的因素主要有以下三种：

第一，完成动作时肌肉群收缩的合力。

第二，肌肉群收缩的协调能力。

第三，骨杠杆的机械率。

从上述内容中可以看出，力量源于肌肉。正常成年男女的肌肉占体重百分比为：男性约 43.5%，女性约 35%。而经常参加力量性运动项目的男子肌肉占体重百分比可达 45%。因此，力量是提高运动能力的基础，力量素质则是衡量运动训练水平的重要指标之一。

2. 力量素质训练的意义

力量素质对参加运动项目和从事各种活动有很大的影响，是人体运动的基本素质，也是衡量一个人运动训练水平的重要指标之一，它的意义主要有以下四个方面。

（1）力量素质是运动的基础。人们所参加的各种运动项目都是通过主动器官带动被动器官进行工作从而完成的。主动器官以肌肉为主，被动器官主要是骨骼，通过各种负荷强度、收缩速度、持续时间的不同以带动骨骼进行移动，从而完成运动动作。如果没有肌肉的收缩和舒张产生的力量牵拉骨骼进行运动，则连起码的直立和行走也不可能，更不要说完成运动技术动作了。人要想跳得高就必须发展自己的弹跳素质，人要想跑得快就必须有很好的脚步后蹬力，因此力量素质是人体最基本的身体素质。

（2）力量素质促进其他素质的发展。任何身体素质都是通过肌肉的不同工作方式来体现的，力量是所有素质的基础。力量素质对速度素质、耐力素质、柔韧素质和灵敏素质的发挥和表现起到了决定性的作用。提高力量素质是因为肌肉的快速收缩是以其力量为前提的。从生活常识中可以得知，一个强有力的人总能比体弱者持续活动更长的时间。在提高力量、速度时，肌肉的弹性会相应增加，从而促进灵敏素质和柔韧素质的发展。

（3）力量素质的水平直接影响运动水平。力量素质的增长对于运动水平的提高有着直接的影响，因为力量素质的高低直接反映了运动技术掌握的快慢及运动成绩提高的程度。一些运动项目中的高难度动作都是以一定的肌肉力量为基础的。在很多的运动项目中，力量和爆发力是决定运动成绩的重要因素，如田径运动等。除长距离跑的主要因素为耐力之外，其他运动项目的高水平运动成绩都与力量素质的优秀发挥紧密相关，尤其在投掷项目中更是如此。

（4）力量素质是衡量运动训练水平的重要指标。在运动训练实践过程中，力量素质是作为判断运动训练水平的一项重要指标，也可以通过运动员的力量素质判断其运动潜力，同时还可作为运动选材的依据之一，如在对体操运动员进行运动训练水平判断和选拔运动员时，其在完成各种技术动作的过程中虽然要借助外力的作用，但是其自身协调用力也起到非常重要的作用。因此，必须对力量素质的发展给予足够的重视，尤其是速度力量，往往会成为选拔运动员的重要指标。另外，在一些球类运动中，突然的起动跑、跳跃、传球等都要求运动员具备良好的爆发性力量。因此，在选拔运动员和判断运动训练水平时，力量素质的测评占非常重要的比例。

（二）力量素质的分类

对于所有的竞技运动项目来说，力量素质在五大素质中都占据着非常重要的地位，对运动成绩的取得起着至关重要的作用。运动员力量素质的水平决定着速度力量与力量耐力素质。一般来说，力量素质主要分为最大力量、速度力量与力量耐力三种类型。

1. 最大力量

最大力量是指在随意一次肌肉最大程度收缩中，神经肌肉系统所能产生的最大的力。在竞技运动项目训练中，最大力量往往表现为能克服和排除的外阻力的大小。

运动员参与竞技运动训练，其最大力量并不是一成不变的，而是常常处于动态变化之中的，这就要求运动员不断发掘自身能力的极限，充分发挥自己的最大力量，以保证力量训练的效果。

通常情况下，最大力量训练多运用于投掷、举重、摔跤、体操和柔道等竞技体育项目中。力量型运动项目的运动员常常采用增大肌肉体积、发展肌肉内和肌肉间的协调性的方法，以达到提高最大力量的目的。

2. 速度力量

速度力量是指神经肌肉系统以最快的速度发挥最大力量的能力，也可以说是在最短的时间内最大用力的能力。速度力量对所有需要爆发性的运动项目的成绩起着非常重要的作用，如短跑、跳远等项目。据研究发现，当运动员发挥速度力量时间小于150毫秒时，爆发力和起动力起主要作用；而当运动员发挥速度力量时间超过150毫秒时，最大力量则起作用。速度力量通常是以速度和加速度的形式表现出来的。在田径、举重、柔道、摔跤、短程游泳、球类、体操、对抗类项目、室内自行车和短程速滑等竞技运动项目中，速度力量都扮演着重要的角色，发挥着重要的作用。

一般来说，速度力量主要有爆发力、弹跳力和起动力三种特殊的表现形式，主要内容如下。

（1）爆发力是指神经肌肉系统以最短的时间产生最大加速度爆发出的

最大的肌肉力量的能力，它可以在 150 毫秒之内达到最大力值。爆发力通常用力的梯度和冲量来表示。爆发力是利用肌肉弹性能的一种力量，即在爆发力产生之前有一个极短暂的肌肉预拉长瞬间产生弹性能（约为原肌肉长度的 5%），迅速向相反方向用力收缩的动作过程，如田径运动中的掷标枪项目，运动员在助跑投掷前展现出的满弓状就同爆发力有着密切的关系。在众多以速度力量为主的运动项目中，爆发力对运动成绩起着至关重要的作用。

（2）弹跳力是指神经肌肉系统在触地前瞬间被拉长，之后再自动（触地）缩短的过程中，以很高的加速度朝相反方向运动使身体跃起的能力。与爆发力相比，弹跳力有一个触地的动作过程。大量的研究证明，肌肉拉伸速度越快，肌肉工作的转换就越快，起跳的高度也越高。

（3）起动力是指神经肌肉系统在极短的时间内发展尽量高的力量的能力，即用力开始后约 50 毫秒就能达到较高力值的能力。在速度力量中，起动力是收缩时间最短的力，是在必须对信号做出迅速反应的运动项目上所表现出的一种力量能力。

3. 力量耐力

力量耐力是指运动员机体耐受疲劳的能力，其以持续表现力的较高能力为特征，如竞技运动中的现代五项、铁人三项、中长跑、划艇、公路自行车及足球等项目，均需要长时间抗疲劳的能力。

（三）力量素质的影响要素

1. 人体的生长发育

（1）性别。人体的生长发育受性别因素的影响较大，其对力量的发展也具有十分重要的影响。通常，男性力量大于女性，这是因为男性肌肉体积往往更大。所以通常情况下，女子力量的增长和肌肉体积的增大在力量训练的影响下都较男子慢。

（2）年龄。在人体生长发育中，年龄对人体的肌肉力量也具有显著影响。在 10 周岁以前，男女随着生长发育，力量都在缓慢且平稳地增长着，没有明显的区别；在 11 岁时，男女最大力量的差异渐渐体现出来，男性增长较快，而女性则相对缓慢；青春期后，女性力量虽依旧在增长，但增长速度很慢。

男性力量的巅峰期在 25 岁左右，而女性在 20 岁左右，过了这一时期，力量逐渐消减。

（3）身高和体重。身高和体重因素也对力量素质有着显著的影响。一般情况下，体重重的人往往力量大，体重轻的人则力量小些。最大力量会伴随着体重的增长而增长，而身高和力量之间则并没有绝对的必然联系。如果一个人高大且强壮，那么他的力量也会相对较强；如果一个人高大却很纤瘦，那么其最大力量未必很强。

（4）体型。体型直接关系到力量的大小。调查结果显示，粗壮型体格的人往往肌肉发达，所以力量较大；体型匀称的人由于比较均衡，所以有着很好的速度力量素质；体型细长的人由于其肌肉含量少，所以力量较小；肥胖型体格的人虽然看似最大力量较好，但从相对力量的角度来看的话，其力量水平就不高了。

（5）脂肪。脂肪也在一定程度上影响着人的力量素质。肌肉中有一定量的脂肪，这些脂肪在肌肉运动中不参与收缩，同时还会产生摩擦，降低肌肉传导力量的效率。因此，减少脂肪含量能够使力量获得提升。

（6）睾酮。睾酮的水平对力量的影响非常大。睾酮水平高，力量也比较大。

2. 肌肉的结构和特性

（1）肌纤维的类型。骨骼肌纤维按不同的收缩特性可分为快肌和慢肌两类。快肌产生的收缩力要大于慢肌。因此，在其他条件不变的情况下，机体骨骼肌中快肌纤维百分比越高的人，肌肉收缩力量越大。一般情况下，人体肌肉的快肌纤维与慢肌纤维的百分比大致相等，另外受遗传因素的影响，肌肉中的白肌纤维或者红肌纤维比例各不相同，同一个人红、白肌纤维的比例在不同部位也不同。参加肌肉收缩的肌纤维类型在不同负荷、以不同动作速度进行运动的条件下也不同。在一定负荷强度下用较慢的速度完成动作，红肌纤维起主导作用；如果是快速完成动作，则是白肌纤维起主导作用。

（2）肌肉的生理横断面。最大肌肉横断面积指的是横切某块肌肉所有肌纤维所获得的横断面面积，肌肉的生理横断面为该肌肉所有肌纤维横截面的总和。横截面积的大小是由肌纤维的数量及粗细决定的，肌肉的生理横断面积决定了该肌肉的绝对肌力。在实验研究中发现，当机体用力收缩时，每平方厘米横断面积的肌肉可产生 3～8 kg 的力。因此，机体中肌肉的最大横断面积越大，肌肉的力量就越大，两者成正比。在力量训练中，虽然肌肉横断面积并不能完全解释机体力量所表现出的所有生理学现象，但是增大肌肉横断面积是提高肌肉力量的有效手段之一。

（3）肌纤维的支撑附着面。肌肉内结缔组织增多、肌腱与韧带组织增粗都会改变肌肉的附着面大小，对肌肉的收缩力也会产生很大的影响。

（4）肌肉的初长度。肌肉收缩前的初长度也会影响肌肉力量的大小。因为肌肉拉长时，肌梭将感知肌纤维长度变化产生冲动，会提高肌纤维回缩力来对抗拉力。当长度拉到一定程度时将引起牵张反射，可提高肌力的发挥效率，所以在一定范围内，肌肉的初长度长或者肌肉弹性拉长后，肌肉收缩时所产生的张力和缩短的程度就大。有研究证明，一个人力量的大小取决于肌肉的体积，肌肉体积的发展潜力又主要取决于个人的肌肉长度（肌肉两头肌腱之间的长度）。肌肉的长度是先天遗传的，后天的训练并不对其产生任何影响。

（5）肌肉的牵拉角度。肌肉收缩牵拉骨骼做功是杠杆运动模型。做功时，杠杆移动，肌肉在不同位置的不同角度上牵拉力量大小不一样。当负重屈肘弯举时，肘关节角度在 115°～120° 时，肱二头肌张力最大，300° 时张力最小。在运动中，必须对肌肉的牵拉角度进行认真的分析，以方便技术分析、改进技术动作等。

（6）肌肉收缩的形式。肌肉收缩形式不同，对肌肉力量的大小及其特点带来的影响也不同。肌肉收缩的形式主要包括动力性离心退让性收缩、动力性向心克制性收缩、等动性收缩、静力性等长收缩等。动力性离心退让性收缩的特点是肌肉收缩时，张力增加的同时肌肉的长度也增加。动力性向心克制性收缩是力量素质训练的主要形式，其特点是肌肉工作时肌肉长度逐渐缩短，肌肉在缩短过程中张力随着关节角度的变化也发生改变。等动性收缩的特点是在整个关节活动范围内肌肉始终以某种张力收缩，而收缩速度始终恒定，它能集等长收缩和等张收缩的优点于一身，使训练者的肌肉在各个关节上的用力均衡，并且都具有足够的刺激。静力性等长收缩的特点是张力发生变化，但其肌肉长度基本不变，在整个动作过程中肢体不会产生明显的位置移动。

3. 中枢神经系统的调节机制

神经中枢对肌肉群起着协调支持的作用，相关研究证明，肌肉发挥最大力量并不是由于肌肉的收缩，而是取决于合理的神经冲动，因此肌肉的力量及其发展易受中枢神经系统机能状态的影响。神经过程的频率及强度对力量的影响也非常显著，因此合理的训练能使运动神经过程的频率和强度更高。

4. 训练相关的因素

（1）训练基础。训练基础对力量素质的发展有一定的影响。训练基础好的运动员，力量增长速度就比较快，缺乏训练基础的运动员刚开始训练的时候增长较快，但如果停止训练，其力量素质也会开始一定程度地消退。力量提高的速度是力量消退速度的三倍，因此力量提高得越快，那么停练后力量消退的速度也就越快。如果经过长时间的训练，力量得到提高后停练，消退时间也会更长。因此，最大力量训练应当每一两周进行一次，以利于最大力量的保持。使力量的消退速度得到延缓的方法，则是每六周进行一次力量训练。

（2）训练方法。训练方法也是影响力量素质的一种因素。不同的训练方法对力量的大小和特性的影响也不同。等张收缩的动力性练习可以明显提高肌肉的爆发性力量和灵活性，等长收缩的静力性练习主要可以提高静止性用力的力量。

二、力量素质训练的基本方法

（一）躯干力量素质训练的基本方法

1. 杠铃练习

（1）负重转体。训练方法：身体直立，双膝向前，身体外侧微屈，双脚左右开立约一肩半宽。肩负轻杠铃，微仰头，尽量向身体一侧转体至最大限度，约180°，再向身体另一侧转体直至最大限度。重复练习。

注意事项：躯干保持直立，双脚保持固定，以下肢带动骨盆和躯干完成动作。

（2）负重体侧屈。训练方法：身体直立，双脚左右开立约一肩半宽，肩负轻杠铃，微仰头。尽量向身体一侧屈上体，然后向身体另一侧屈上体直至最大限度。重复练习。

注意事项：只在腰部完成躯干侧向屈伸，膝关节保持伸直。躯干向左屈时呼气，向右屈时吸气。

（3）硬拉。训练方法：身体直立，双脚左右开立约一肩半宽，双手在大腿两侧前方握杠铃，微仰头。身体前屈，使杠铃接触地面，躯干前屈时呼气，上伸时吸气。重复练习。

注意事项：双臂和膝关节保持伸直，只使用背部肌肉力量。

（4）负重体前屈。训练方法：身体直立，双脚左右开立约一肩半宽，肩负轻杠铃，微仰头。前屈身体直至与地面平行姿势，然后伸背、伸髋，恢复直立姿势。重复练习。

注意事项：背伸直，膝关节保持伸直。躯干前屈时呼气，上伸时吸气。

2. 哑铃练习

（1）持哑铃体前屈转体。训练方法：双脚约以两倍肩宽间距左右开立，掌心向内持哑铃，另一只手扶在腿上。持哑铃体前屈，使哑铃尽量接触对侧脚尖，然后竖直躯干。重复练习。

注意事项：只使用躯干完成体前屈和转体动作，肘、膝关节固定。

（2）持哑铃体侧屈。训练方法：双脚约以肩宽间距左右开立，一只手掌心向内持哑铃，另一只手扶腰。向持哑铃一侧尽量屈体，然后竖直躯干并尽量向反方向屈体。重复练习。

注意事项：保持背部伸直，腰部完成侧屈动作。髋和膝关节固定。

3. 其他辅助练习

（1）侧卧腿绕环。训练方法：身体伸展侧卧在斜板上，上侧腿做绕环动作。尽量大幅度完成动作，换腿。重复练习。

注意事项：膝关节伸直，只用髋部肌群力量完成动作。

（2）背肌转体。训练方法：身体伸展俯卧在背部伸展机上，腿部固定在肋木上或由同伴帮助固定，上体下屈。两手交叉贴在头后，伸展身体至水平位置转体，身体左右方向转动。重复练习。

注意事项：膝关节伸直，用背部肌群力量完成动作，如加大难度可以手持重物。

（3）侧卧提腿。训练方法：身体伸展侧卧在斜械上，上侧脚的踝关节固定在拉力器绳索或橡胶带上。拉力方向靠近身体斜下方，尽量快速向上提腿。重复练习。

注意事项：膝关节伸直，只用髋部和躯干两侧肌群力量完成动作。

（4）仰卧转髋。训练方法：仰卧在垫子上，双手握在头后固定横杆上，收腹屈膝。快速向身体两侧转髋，使腿贴在垫子上。重复练习。

注意事项：双脚并拢，贴在垫子上，只用腰部完成动作。

（5）两头起。训练方法：仰卧在垫子上，身体充分伸展，双臂贴在头两侧伸直。用肌群力量快速屈体，使手和脚在空中接触。重复练习。

注意事项：四肢充分伸直，快速完成练习。

（二）上肢力量素质的训练方法

1.杠铃练习

（1）颈后伸臂。训练方法：身体直立，双手约以肩宽间距反握轻杠铃于头后部。用力伸双臂向上提升杠铃，然后屈臂放下杠铃于原处。重复练习。

注意事项：快速完成动作，且动作过程中身体要保持稳定。

（2）屈腕。训练方法：双手持轻杠铃坐在凳子上，膝部支撑肘部，连续进行手腕屈伸动作。

注意事项：肘关节大约90°夹角，只用腕部完成动作。前臂与地面约保持45°夹角。

2.瑞士球和实心球练习

（1）实心球移动俯卧撑。训练方法：俯卧，一手撑在球上，一手和双脚掌撑地，身体呈一线。把两只手都放在实心球上，完成俯卧撑，换另一只手撑地。身体左右移动，两只手轮流撑在球上。重复练习。

注意事项：双手放在实心球两侧，以肘部下降引导身体下降。尽量快速完成练习，全身充分伸展，保持平衡。

（2）侧俯卧屈肘。训练方法：手持一个较重的哑铃，其重力能够使人屈肘时在球上前后移动。躯干侧俯卧于球上，并固定练习臂，充分伸展练习臂后进行屈肘练习。

注意事项：伸展练习臂时人随球滚动前移，需要几秒钟完成伸展动作。身体后移过程中完成屈肘。

（3）压臂固定瑞士球。训练方法：躯干正直坐在长凳上，一侧臂水平外展用手压住球。同伴以 60% ～ 75% 的力量向侧面各个方向拍球，练习者尽最大努力防止球运动。

注意事项：球和身体保持稳定。如果加大难度，练习者可以在身体的各个方向伸臂固定瑞士球。

（4）俯卧撑起跪推实心球。训练方法：与同伴相对跪立，约 5 米间距，其中一人双手在胸前持实心球。持球人身体前倒顺势向上方双手推出实心球，推出球后双手撑地，之后双手迅速推地，将身体恢复跪立姿势，准备接球。重复练习。

注意事项：两人始终目光接触，协调配合。动作尽量迅速完成。

3. 其他辅助练习

（1）引体向上。训练方法：双手掌心向前，约以肩宽为间距，直臂握住单杠。屈肩和肘关节向上拉引身体。重复练习。

注意事项：由直臂身体悬垂姿势开始，向上拉引身体至下颌接近单杠。尽量用肩、臂力量完成动作。

（2）双杠臂撑起。训练方法：双手掌心向下，约以肩宽为间距，直臂在双杠上支撑身体。屈肩和肘关节向下，降低身体高度，然后再撑起身体。重复练习。

注意事项：由直臂支撑身体姿势开始，降低身体使双手接近肩部。尽量用肩、臂力量完成动作。

（3）倒立走。训练方法：呈倒立姿势用双臂向前移动身体，同伴可帮助扶住双腿维持平衡。

注意事项：在安全的地面或垫子上练习。如加大难度，可以向各个方向转动身体。

（4）爬绳。训练方法：双臂微屈，双手握住绳索，双手依次握住更高位置，拉引身体提升高度。

注意事项：用肩、臂力量完成动作。如果上肢力量不足，可用双脚夹住绳索以增加助力。

（三）全身力量素质的训练方法

1. 踩 T 形板传接实心球

训练方法：双脚以肩宽站在 T 形板上手持实心球，与同伴相距约 2 步相对站立，保持屈膝、收腹姿势。两人相互传接实心球，接球后在 T 形板上保持平衡 2 秒钟再传出。

注意事项：躯干不得扭转。加大难度可持重球或加快动作节奏。

2. 持实心球侧蹲

训练方法：双脚以肩宽左右开立，向左侧分步进入侧蹲姿势，重心移到左腿上。充分前伸双臂前送实心球，保持此姿势 2 秒钟。右腿蹬离地面形成开始姿势，左右腿交换重复练习。

注意事项：保持膝关节在踝关节垂直上方。加大难度可持重球，改变多种动作方向或加快动作节奏。

3. 肩上侧后抛实心球

训练方法：双手持实心球于胸前，背对投掷方向，双脚以肩宽左右开立。保持屈膝、收腹姿势。抛球前下蹲，将球沿身体一侧转到身后，然后以下肢发力带动躯干回转实心球，将球从身体另一侧肩上向后抛出。

注意事项：注意身体环节自下而上的用力顺序。加大难度可以持重球，改变多种动作方向或跳起抛球。

（四）爆发力的训练方法

爆发力训练的目的是刺激神经肌肉系统的快速交替，即在最短的时间内完成从拉伸肌肉（离心收缩）到收缩肌肉（向心收缩），其训练方法如下。

1. 杠铃练习

（1）连续高抓。训练方法：将杠铃放在身体两侧40～50 cm高的支撑物上，双手宽间距握住杠铃杆。由半蹲姿势开始，腿、髋发力尽量向上提拉杠铃。当杠铃接近最高点时降低身体重心，翻肩、翻腕上推，并移杠铃到头后上部。然后举起杠铃呈直立姿势，返回开始姿势。重复练习。

注意事项：快速完成动作过程，掌握好翻肩、翻腕上推杠铃的时机。腿、髋发力带动躯干和肩部用力，完成动作后，脚跟尽量提起。

（2）高拉。训练方法：将杠铃放在身体两侧40～50 cm高的支撑物上，双手宽间距握住杠铃杆。之后由半蹲姿势开始，腿、髋发力尽量向上提拉杠铃，返回开始姿势。重复练习。

注意事项：快速完成动作过程，腿、髋发力带动躯干和肩部用力，完成动作后，脚跟尽量提起。

（3）高翻。训练方法：将杠铃放在地面上，双手以肩宽为间距握住杠铃杆。由下蹲姿势开始，腿、髋发力尽量向上提拉杠铃。当杠铃接近胸上部时降低身体重心，翻肩、翻腕支撑，固定杠铃在胸上部。身体呈直立姿势，然后返回开始姿势。重复练习。

注意事项：快速完成动作过程，掌握好翻肩、翻腕支撑杠铃的时机。腿、髋发力带动躯干和肩部协调用力，上拉动作过程中脚跟尽量提起。

（4）抓举。训练方法：下蹲，双手宽间距握住杠铃杆，用腿、髋发力尽量向上提拉杠铃。当杠铃接近最高点时降低身体重心，翻肩、翻腕上推，并移杠铃到头后上部。然后举起杠铃呈直立姿势，返回开始姿势。

注意事项：快速完成动作过程，掌握好翻肩、翻腕上推杠铃的时机。腿、髋发力带动躯干和肩部协调用力，上拉动作过程中脚跟尽量提起。

（5）连续快挺。训练方法：翻肩、翻腕支撑，固定杠铃在胸上部，双手以肩宽为间距握住杠铃杆。身体呈直立姿势，略微降低身体重心，利用双腿发力快速上举杠铃。腿呈弓箭步，直臂支撑杠铃，然后返回开始姿势。重复练习。

注意事项：快速、连贯地完成动作过程，下肢完成弓箭步与上举杠铃动作同时完成。腿、髋发力带动躯干和肩部协调用力，动作过程中脚跟尽量提起。

（6）挺举。训练方法：将杠铃放在地面上，双手以肩宽为间距握住杠铃杆。由下蹲姿势开始，腿、髋发力尽量向上提拉杠铃。当杠铃接近胸上部时降低身体重心，翻肩、翻腕支撑，固定杠铃在胸上部。身体呈直立姿势，略微下蹲快速上举杠铃，双腿呈弓箭步，直臂支撑杠铃。呈直立姿势支撑杠铃，再返回开始姿势。重复练习。

注意事项：快速完成动作过程，掌握好翻肩、翻腕支撑杠铃的时机。腿、髋发力带动躯干和肩部协调用力，上拉动作过程中脚跟尽量提起。

2. 球类练习

（1）上步推实心球。训练方法：双脚以肩宽左右开立面向同伴，同伴手持实心球。同伴将球传向一侧肩部，当球接近身体时向前跨一步单手接球。接到球立即将球推出，再传给同伴，恢复开始姿势。重复练习。

注意事项：身体环节以自下而上的顺序用力，快速完成动作过程。

（2）蹲跳传接实心球。训练方法：双手持实心球，与同伴相距约6步相对站立。在传球前下蹲使球接触地面。腿、髋和躯干依次发力，人体爆发式地跳起，双手向前方推出实心球。

注意事项：同伴在球落地反弹后接球。如加大难度可以持重球，改变多种动作方向或加快动作节奏。

三、力量素质训练的注意事项

（一）找准训练方向

在很多运动项目中，由于项目的不同，其技术动作结构会有很大的区别，因此要求参加工作的肌肉群力量就不同，要求的力量素质也不同。例如：田径运动中的短跑项目要求竭尽全力连续快速蹬地向前推进的力量；投掷要求竭尽全力使运动器械获得最大加速度的爆发力量；跳跃要求有良好的爆发力和弹跳能力。因此，力量训练要根据专项技术的动作结构来选择恰当的练习，以便于发展相应的肌肉群力量，提高运动成绩。另外，也可以通过肌肉研究来了解主要肌群力量特性、工作方式、用力方向、关节角度等，从而确定力量训练的方法，发展专项力量素质。只有紧密结合专项特点来安排力量训练，才能收到更好的效果。

（二）端正训练态度

肌肉活动要依靠中枢神经系统的调节才能进行。在进行力量素质练习时，要集中精神，全神贯注，意识要跟上练习，与练习动作紧密配合，保持一致，这样练习才能够有助于肌肉力量更好发展，尤其是在训练期间负荷较大时，注意力应高度集中，否则容易受伤。练习时切忌嬉笑打闹，因为人在笑的时候肌肉处于放松状态，一不小心就易造成损伤。另外，为了练习安全，达到期望效果，要有自我保护意识。还要加强互相保护，尤其是在肩负极限重量时。

（三）规范训练方法

1. 呼吸方法要正确

进行力量练习时，通常采用的呼吸方法是用力时憋气，完成动作或放松时呼气（练习前自然吸气练习憋气，然后自然呼气）。由于憋气可以提高练习时的力量，所以极限用力一般都是在憋气情况下进行的。憋气是指在吸气之后，紧闭声门，尽力地做呼气动作。在运动中憋气有利于固定胸廓，增强腰背肌的紧张程度，能够发挥人体潜在的力量。因此，极限的用力需要在憋气的状态下才能进行。虽然憋气可以提高练习的潜力，但用力憋气时，会引起胸廓内压急剧升高，迫使动脉血液循环受阻，易导致供血不足、脑缺氧，甚至发生休克。憋气后，胸膜腔内压骤降，回血量猛增，心脏负担加大，易发生窒息。为防止运动中出现不良后果，需注意以下六点。

（1）对于初练者，极限用力的训练内容要尽可能少安排一些，应先使其在训练中学会正确运用呼吸和调整呼吸的方法。

（2）首先，最大用力的时间较短，可以不憋气时就不要憋气；其次，重复做用力不太大的练习时，应尽量不憋气。

（3）做最大用力练习时，运用狭窄的声门进行呼气，也能达到与憋气类似的同样大的力量指标。

（4）为避免通过憋气来完成练习，开始训练时的极限和次极限用力的练习不要太多。

（5）力量练习时间短暂，吸的气并不会立即在练习中产生作用，因此完成力量练习前不应做最深的吸气。

（6）用狭窄的声带进行呼气几乎也可达到与憋气类似的效果，因此做最大用力时，可采用慢呼气来协助最大用力练习的完成。

2. 严格要求训练动作符合技术规格

进行力量素质训练时，每一个力量练习动作都有技术规格要求，练习者只有按照技术规格要求去操作，才能够更好地发展肌肉群的力量。如果技术动作不规范、走样，那么参与活动的肌群就会有改变，从而影响力量训练的效果。比如臂弯举动作要求身体直立，两臂贴于体侧，只依靠肘关节的充分屈伸来完成。如果练习者贪图省力，依靠身体的前后摆动来完成动作，那么发展肱二头肌的效果要差很多，因为身体摆动时腰背肌肉、臀部和大腿后面的伸髋肌群也参与了工作。

此外，掌握正确技术动作，可以防止伤害事故的发生。比如做深蹲练习要求挺胸直腰，腰背肌收紧以固定脊柱，主要依靠膝关节的屈伸，同时也伴随着髋关节的屈伸来完成动作。若站不起来，腰背肌也要一直保持收紧，等待同伴的保护帮助，这样既安全又有效果。如果练习者弓腰练习，尤其是站不起来时，腰弓得更加厉害，这样就比较容易造成腰部损伤。

3. 训练负荷要循序渐进增加

大负荷是指进行力量素质训练时，训练的负荷强度和训练总量一般要用所能承受的最大负荷或接近最大负荷。采用大负荷训练能迫使肌肉进行最大收缩，可以刺激人体产生一系列的生理适应性变化，从而导致肌肉力量的增加。为了达到大负荷，训练无疑要保持较大的强度，或者要保持较大的数量。

进行力量素质训练后，力量增长，原来的大重量负荷就逐渐改变，变为小负荷。要想继续保持大负荷，就必须循序渐进增加负荷。如训练开始时某人用 20 kg 做臂弯举，反复举 8 次出现疲劳。当训练一段时间后他能用 20 kg 连续举起 12 次，这时就要增加负荷至其又能举起 8 次的重量。这样，就可

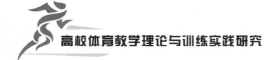
使有关的肌肉群始终在大负荷状态下工作。

很多运动员采用超负荷训练，它是指要求肌肉完成超出平时的负荷。超负荷训练会引起肌肉成分，特别是肌蛋白的分解。"超负荷训练"会导致超量恢复的产生。在超量恢复的整个过程中，肌肉的成分重新组合，肌蛋白含量得到提高，从而使肌肉更加粗壮有力。这些运动员会不断有目的、有计划地安排超负荷训练以引起超量恢复，达到迅速发展力量素质的目的。但是这种方法适合大多数优秀运动员，不适合初学者或者运动能力不高的人。

（四）科学调整肌肉状态

首先，力量素质训练时应使肌肉充分伸展拉长，然后再使其收缩，动作的幅度要大，这是因为肌纤维被拉长后可增大收缩的力量，又能够保持肌肉良好的弹性和收缩速度。其次，力量素质训练完成后，肌肉会充血，很胀很硬。这时便要做一些与力量练习动作相反的拉长动作，或者做一些按摩、抖动，充分放松肌肉。这样做既可加快疲劳的消除，渐进恢复，又可防止关节柔韧性因力量训练而下降，同时有助于保持肌肉良好的弹性和收缩速度。

第二节　速度素质训练

一、速度素质及影响速度的因素

（一）速度素质的概念

速度是指人的身体或某一身体部位快速改变原有运动状态的能力。

速度素质包括三个方面，即快速完成动作的能力、快速经过某种规定距离的能力和对外界刺激或各种应激反应的快速判断能力。速度对于大多数运动员来说都是取得好成绩的关键因素之一，如田径比赛中的 100 米跑就是一项典型的运动员之间比拼快速运动能力的比赛项目。有些运动项目本身虽不是比速度，但速度对运动成绩有着直接影响，如世界著名运动员卡尔·刘易斯（Carl Lewis），当他跳远成绩达到 8.91 米时，他的 100 米成绩已达到 9 秒 86。再如，在铅球运动中更多的是依靠直接力量和通过旋转助跑产生的间接力量，但在铅球的助跑和投掷的那一刻仍旧需要腰部的快速转动和手臂的快速投掷。除此之外，速度素质还是很多运动项目对年轻运动员进行选材的重要指标之一。基于此，速度素质的训练在运动员的日常体能训练中的地位可见一斑。

（二）速度素质的分类

速度素质是人身体素质中的一项，前文提到了快速完成动作的能力、快速经过某种规定距离的能力和对外界刺激或各种应激反应的快速判断能力是速度素质的三个方面。简单地说，这三个方面的表现形式可以表述为动作速度、移动速度和反应速度。

1. 动作速度

动作速度是指人体或人体某一部位在单位时间内完成某种动作或完成次数的用时。动作速度根据其表现形式的不同，可以分为单一动作速度、组合动作速度和动作速率三种。例如：跳高运动员的屈腿起跳的腿部动作就属于单一动作速度；撑竿跳运动员完成预备、助跑、撑竿、过竿和落地的动作全过程的速度就属于组合动作速度；田径赛运动员的跑步步幅的快慢就属于动作速率。

神经系统对人体的各种运动机能起到控制作用，因此可以说，动作速度与神经系统的兴奋度和敏感度有极大的关系。当人受到的内外刺激强度较大时，人体神经系统就处在兴奋的状态下，随之而来的就是其传递信号的速度加快，在人体表象上看就显现为身体的协调性增强，使动作速度和反应速度加快，反之则使动作速度和反应速度减慢。另外，人体各器官系统的准备状态也会决定动作速度的快慢，如没有做好准备活动的运动员，其身体的动作速度和反应速度势必会有一定程度的衰减。而技术动作的娴熟程度也会影响动作速度，如刚刚学习足球运动的人，其动作完成速度和频率皆比熟练掌握这些技术动作的人要慢许多。

2. 移动速度

移动速度是指在单位时间内人体位移的速度。为更好地理解移动速度的计算方法，可以参照物理公式 v=s/t。在公式中，v 表示物体移动的速度，它是距离 s 与通过该距离的时间 t 的比值。

与动作速度相同的是，移动速度也与人体神经系统所处的状态有关，且移动速度与神经系统的兴奋性呈正比例关系。这些现象最终也将直接体现为人体移动速度的加快。

研究表明，人体的移动速度不仅可以依靠后天训练和培养得到提高，有时还会受遗传因素影响。例如，父母从小参与各种训练，获得了快速移动的反应能力，那么他们的子女在这方面的素质也一定不会太差，或者在后天的培养和训练中在移动速度方面的提高会更快。

在技术动作中，移动速度可分为平均速度、加速度和最高速度。

3. 反应速度

反应速度是指人体对外界各种刺激信息的回应能力。反应速度取决于刺激信息被传导所需的时间，信息的传递几乎是在瞬间完成的，这段一瞬间的快速时间被称为反应时。反应时与反应速度呈反比例关系：反应时越长，人的反应速度就越慢；反应时越短，人的反应速度就越快。良好的反应速度可以表现为诸如短跑运动员听到发令枪响后快速启动，足球运动中守门员迅速判断射门方向并迅速做出扑救动作，此外乒乓球运动员通常在 0.15 秒内就要根据对方的引拍方向、击球瞬间和击球声音来判断飞来的球的路线、旋转和可能的落点等，不仅如此，他还需要根据这些因素来快速反应自身要做出的回球准备。

从上面的内容中可以得知，神经过程的感觉时间和思维判别时间即为反应速度的基础，因此这就会导致很多因素直接影响神经过程，进而间接影响反应速度。影响因素中遗传因素的影响最大，有关数据显示，反应速度的遗传力高达 75%。

动作速度、移动速度、反应速度作为速度素质的评判标准，它们之间相互区别，但又彼此联系，共同对速度素质的最终表现施加影响。因此，在发展速度素质的过程中，要考虑三者之间的相互关系，就移动速度而言，反应速度是前提条件，动作速度则是基础。

（三）影响速度素质的因素

前面提到了动作速度、移动速度与反应速度之间的关系和区别，这种区别尤其体现在三者的内部机制方面，如反应速度主要表现在神经活动层面，而动作速度和移动速度则更多反映在人体肌肉活动层面。这些影响速度素质训练的因素具体分析如下。

1.反应速度的影响因素

（1）感官的敏感程度。人体的感觉器官是接收外界信号源的收集"设备"，人体感官的敏感程度决定了对外界信号的感受时间。敏感程度越强，收集和传递信号的时间过程就越短，反之则越强。而注意力的集中程度，又是决定感官敏感程度的因素。举例来说，百米赛跑运动员在起跑时必须全神贯注地听发令枪的声音，此时他的感觉器官处在高度集中的状态下，因此反应速度会得到很大的提高，反之若没有集中精神，则极易使反应速度减慢。感觉器官除受到注意力程度的影响外，还会受到人体疲劳程度的制约，如跳高运动员长时间练习腾空动作后，必然会导致他有关动作所要使用肌肉的疲劳，这时人体的反应时就会延长，造成动作越发脱离标准的现象。

（2）肌纤维的兴奋性。肌肉纤维的兴奋与否也对反应速度的快慢起着重要作用。有关方面研究发现，肌肉处于紧张状态时的反应时要比放松状态时缩短7%左右。但要注意的是，这种紧张状态必须要在一定的程度内，而不能是过度的紧张，否则会由于肌肉的过度紧张使运动技术动作变形，起到事倍功半的不利效果。当肌肉过度劳累产生极强的疲劳感时，肌肉对应激反应的时间明显延长。通过这个规律可知，反应速度会受到注意力的集中程度、疲劳程度与反应过程的影响而发生变化。

（3）中枢神经系统机能。反射活动受刺激信号的影响会显现不同的状态，如刺激信号的选择性越大，反射活动就越复杂，表现为运动员要在单位时间内做出的思考更多。中枢神经对刺激信号的分析时间主要与神经兴奋及条件反射建立的巩固程度有关。除此之外，运动员对运动技术动作的熟练程度也是决定反应速度的因素之一，即当运动员在刚刚接触新技术不久时，其本身对这项技术尚未熟悉，每个动作的做出都需要较长时间的思考，而随着技术动作的逐渐成熟，新的肌肉记忆也随之形成，此时运动员就会表现为不用对所做动作加以思考，并且可以在下意识做技术动作的同时考虑更多的其他内容，这就很好地说明了反应时的缩短。

2. 动作速度、移动速度的影响因素

影响动作速度与移动速度的因素主要是肌肉运动能力。动作速度和移动速度是肌肉系统在最短时间内用最大限度的力来形成快速活动的形式。由于人体肌肉活动受到多方面的影响，因此也有较多的因素影响着动作速度和移动速度，具体影响因素有以下四项。

（1）人体体型。人体的体型对速度素质的影响方面较多，其中影响较大的方面在于人体体长（身高）、四肢长度等。以田径运动为例，在两名运动员身高、体重条件一致的情况下，上下肢越长的运动员其运动速度就越快，简单地说，就是四肢的长度与相关部位（手臂、腿部）运动速度成正比。在田径项目中，运动员的下肢长度通常决定了运动成绩，因为腿长较长的运动员跨出一步的距离相比腿长较短的运动员要大一些，在分秒必争的比赛中，每一步大出的一点优势，就决定了最终比赛的胜负。因此，这就是对运动速度要求较高的运动项目（如田径、游泳、体操等）在选择运动人才时要首先将身体的体型作为一个重要选材指标的原因。

（2）生理影响。①肌肉类型与肌力：速度素质的体现是需要肌肉的收缩来实现的，而肌肉纤维又是组成肌肉的基本物质。人体的肌肉（主要指对运动产生最大影响的骨骼肌）可以分为快肌纤维（白肌纤维）、慢肌纤维（红肌纤维）和中间型纤维三种。这三种类型的肌纤维中对速度素质起到重要影响的是快肌纤维，因此快肌纤维占肌肉含量百分比越高，人体的快速运动的能力也就越强。但是，快肌纤维在运动中的利用会产生一定的"副作用"，那就是运动积累到一定时间后会产生强烈的疲劳感。

人体肌肉的弹性及其在运动中不断交替工作的方式是准确完成动作技术的重要保证。除此之外，还有一点是不能被忽视的，那就是关节的柔韧性。关节的柔韧性尽管不是直接决定速度的因素，但它对某些需要肢体大幅度完成的动作（如步幅）的速度促进作用十分明显。所以，根据这一情况，可以考虑在速度素质训练的过程中安排一些对关节柔韧性有较大帮助的练习。

②神经活动过程：神经活动过程的灵活性是指神经中枢兴奋与抑制之间快速转换的能力。神经中枢对于人体的运动起到至关重要的作用，它是人体在运动中保持协调和做出快速反应的"指挥部"，只有敏感、快速的神经活动过程才能在运动中迅速调动所有必要的肌肉协作参与活动，同时它还能更有效地抑制对抗肌的影响。

在运动中，肌肉并非时刻保持高度的紧张状态，实施的放松也是积蓄力量的环节，而神经活动过程的灵活性就能够起到控制肌肉放松的作用。因此，当运动员在做有关移动速度的训练时，如果能做一些放松与紧张的肌肉转换练习，就能使肌肉的效率大大增加，有利于较长时间维持高速运动。

（3）心理影响。心理影响主要与自身注意力的集中程度有关。作为一种心理定向能力，注意力对中枢神经的兴奋性与转换速度有极大的影响，除此之外，它还对肌纤维的收缩效果与紧张程度有着很重要的作用。在适度专注的情况下，可以提高动作和移动速度，但是当这种专注力过于膨胀时，就会向紧张心情靠拢，紧张的情绪反而会在一定程度上制约动作速度和移动速度。

（4）力量发展方式。力量的发展水平对许多运动项目来说是决定性的，如田径运动和对抗性较强的足球、篮球等运动。人体加速度的产生就是由于力量的作用，力量大小与其可以制造出的加速度成正比。人体的力量分为相对力量和绝对力量，对于相对力量较大的人，其肌肉容易在运动中克服内部、外部阻力，快速收缩。除此之外，动作速度和移动速度不光依靠人们的相对力量，还受到运动技术娴熟度的影响。例如，在撑竿跳高比赛中，如果运动员的全套动作中有某个环节是整体技术动作的短板，那么他在完成撑竿跳动作时就会有一定的顾虑，直接表现出来的行为就是适当放慢速度以顺利完成有缺陷的动作。

二、速度素质训练的基本方法

（一）上肢速度素质的训练方法

1. 摆臂

训练方法：两腿并拢，上肢以短跑动作前后摆臂，肘关节弯曲约90°。前摆手摆到约肩部高度，后摆手摆到臀部之后。

训练要求：这种训练方法的目的在于提高运动员摆臂动作效率和固定正确的上体跑动姿势，要求训练的技术动作要准确。

2. 俯卧撑撑起击掌

训练方法：双手撑地，双脚掌撑地，身体呈一线。向身体下方屈肘，而后快速撑起身体并击掌，恢复开始姿势重复练习。此方法可以发展运动员上臂后部和肩部肌肉群动作速度和爆发力。

训练要求：练习时，要求运动员快速完成动作，以肘部下降引导身体下降。全身充分伸展，保持平衡。

3. 仰卧快速斜推哑铃

训练方法：将瑞士球放置于地面，首先运动员坐在瑞士球上，后呈仰卧姿势，此时头部枕在球上，体重靠背部支撑。连续快速推举哑铃。此方法可以发展运动员的胸肌、肩部肌肉群等的速度力量，与此同时可以发展身体的平衡性和稳定能力。

训练要求：练习时，运动员要注意双脚分开的距离要大于骨盆宽。推举哑铃要到位，一般举起位置应在眼睛的垂直上方。

4. 快速滑动俯卧撑

训练方法：将髋部压在球上，双臂撑地并相互交替前行，前移使身体在球上前移呈俯卧撑姿势，直至小腿搭在球上支撑。此时做一个俯卧撑动作，之后用手按刚才的程序反向退回到开始姿势，如此往复。此方法可以发展运动员胸部、肩部肌肉群速度力量，以及身体支撑和稳定能力。

训练要求：练习时，运动员要保持身体完全处于伸直的姿势。在适应了此动作的负荷后，还可以通过在俯卧撑姿势下提起一条腿，或以双手和一条腿在球上支撑完成俯卧撑的方法来加大负荷。

5. 连续左右转髋

训练方法：双臂侧平举，两脚左右开立略宽于肩。右脚于左脚前向身体左侧移动落地（前交叉步），然后还原开始姿势。右脚于左脚后向身体左侧移动落地（后交叉步），还原开始姿势。重复练习。此方法可以发展运动员的骨盆、髋部和双脚的动作速度和灵活性。

训练要求：练习时，要求运动员上体朝向始终保持一致，尽量选择多用骨盆转动和下肢移动快速完成动作。在适应原有负荷后可以使用加快动作速度或加大幅度练习的方法提高负荷，也可以根据专项需要反方向练习。

6. 连续交叉步

训练方法：双臂侧平举，双脚左右开立以前脚掌支撑身体，身体快速向左侧移动。右脚通过左脚前方向身体左侧移动落地（前交叉步），然后回复至开始姿势。此方法主要发展运动员骨盆、髋部和双脚的动作速度和灵活性。

训练要求：练习时，要求运动员双脚始终朝向移动方向，尽量靠骨盆和下肢快速完成动作。可以根据专项需要反方向练习。

7. 绳梯 180° 转体跳

训练方法：身体半蹲，双脚左右开立，以前脚掌支撑身体，每只脚站在一个格子里。身体跳起在空中转体 180°，双脚各落在前面的格子中。身体跳起向反方向在空中转体 180°，双脚各落在前面的格子中。重复练习。此方法可以发展运动员骨盆、髋部和双脚的动作速度、灵活性，以及周边视觉能力。

训练要求：练习时，要求运动员身体始终向绳梯的同一方向移动，尽量用骨盆和下肢快速完成动作。

8. 快速传接实心球

训练方法：与同伴相对站立，稍微屈膝，两人间距 3 ～ 4 米。双手持实心球于胸前，进行连续传接练习。此方法可以发展运动员胸部、肩部、臂部肌肉群速度力量和爆发力。

训练要求：练习时，要求运动员双臂充分伸直接球。如要加大难度，可以增加球的重量和两人间距。

9. 前抛实心球

训练方法：面对抛掷方向，双脚左右开立约一肩半宽，直臂双手持实心球举过头顶。团身下摆实心球至两腿间，后迅速蹬腿、挺身、挥臂，向身体前上方抛出实心球。此方法可以发展运动员下肢、背部、肩部和上肢的动作速度和爆发力。

训练要求：练习时，要注意身体环节用力顺序是自下而上，并迅猛完成动作。

10. 后抛实心球

训练方法：背对抛掷方向，双脚左右开立约一肩半宽，直臂双手持实心球举过头顶。团身下摆实心球至两小腿间，后迅速蹬腿、挺身、挥臂，向身体后上方抛出实心球。此方法可以发展运动员下肢、背部、肩部和上肢的动作速度和爆发力。

训练要求：练习时，要求身体环节用力顺序是自下而上，并迅猛完成动作。

（二）下肢速度素质的训练方法

1. 后踢腿

训练方法：从慢跑开始，使摆动腿脚跟拍击臀部，膝关节在弯曲过程中向前上摆动。此方法可以有效提高运动员脚的动作速度。

训练要求：练习时要求运动员上体保持正直，可以根据运动员的实际能力适当加快步频。

2. 脚回环

训练方法：单腿支撑，手扶固定物维持平衡。一只脚以短跑动作进行回环练习。此方法主要是用来发展运动员摆动腿的快速折叠和前摆能力。

训练要求：要求运动员在动作过程中回环拍击臀部，以扒地动作结束。脚的回环动作路线在身体前面完成。

3. 跑步动作平衡

训练方法：采用最高速度时的单腿支撑姿势，左脚用脚掌支撑，肘关节弯曲约 90°。左手在肩部高度，右手在髋部高度，右腿高抬，右脚踝靠近臀部。此方法主要是为了提高运动员踝关节肌肉群的紧张度和稳定支撑能力。

训练要求：练习时，要求运动员保持这个姿势 20 ～ 60 秒。还可以采用负重背心，或站在不稳定的海绵垫上来加大动作的难度。

4. 踝关节小步跑

训练方法：采用很小的步长快跑，强调脚底肌群的蹬地和踝关节屈伸动作。以脚掌蹬离地面。此方法主要是用来发展运动员脚的动作速度和踝关节肌群弹性力量。

训练要求：练习时，运动员要做到脚部动作快速而安静，尽量减少脚掌与地面的接触时间。

5. 折叠腿大步走

训练方法：以短跑的身体姿势和摆臂动作大步走。摆动腿高抬并充分屈膝，脚靠近臀部，并且翘脚尖。此方法可以提高运动员脚的动作速度。

训练要求：在练习时，要求运动员的摆动腿抬至最高位置，后蹬腿支撑脚底部肌群用力屈踝快速蹬地。

6. 踮步折叠腿大步走

训练方法：与折叠腿大步走相同，但后蹬腿需加上踮步。身体腾空时摆动腿充分折叠。此方法主要是用来发展运动员快速屈髋和伸髋的能为，提高踝关节紧张度。

训练要求：练习时，要求运动员脚部快速落地，但不要发出声音，强调踝关节的紧张度。

7. 踮步高抬腿伸膝走

训练方法：与折叠腿大步走相同，但在高抬摆动腿后需在身体前充分伸膝，同时还要加上踮步。此方法可以有效提高运动员快速伸髋能力和大腿后部肌群的快速发力能力。

训练要求：练习时，要求运动员摆动腿的脚下落时扒地，推动髋部向前。

8. 踮步折叠腿大步走拉胶带

训练方法：在两个踝关节上系胶带，胶带的另一端固定于地面。与踮步折叠腿大步走动作相同，完成快速练习。此方法可以提高运动员的步频，提高快速伸髋能力和折叠膝关节能力。

训练要求：运动员在练习时，要注意它所强调的腿部爆发式伸髋和下落扒地动作，迅速推动髋部向前。

9. 踮步高抬腿伸膝走拉胶带

训练方法：在两个踝关节上系胶带，胶带的另一端固定于地面。与踮步高抬腿伸膝走相同，完成快速练习。此方法可以有效增加运动员的步长和步频，提高快速伸髋能力和固定踝关节肌群的紧张度。

训练要求：在练习时，强调腿的爆发式伸髋和下落扒地动作，迅速推动髋部向前。

10. 高抬腿跑绳梯

训练方法：双脚在同一格内落地，尽快跑过每格约 50 厘米间距的绳梯或小棍。此方法可以提高运动员的步频和快速高抬折叠腿的能力。

训练要求：练习时，强调先进入小格的摆动腿高抬。

三、速度素质训练的注意事项

（一）速度素质训练的一般注意事项

速度素质的发展受多种因素的影响。为了有效提高人体的快速运动能力，在练习中必须注意如下事项。

1. 合理安排速度素质训练的顺序与时间

各种身体素质及运动能力之间具有相互联系、相互促进和相互制约的关系。在发展某一素质的同时，都会或多或少、或直接或间接地引起其他素质的变化。因此，发展速度素质时应处理好同其他素质的关系，合理安排练习的顺序，使各种身体素质间互相促进，良性转移。

速度练习中，常使用发展力量的手段来促进速度，尤其是静力性力量练习，由于动作缓慢，会降低神经过程和肌肉活动的灵活性。而速度素质要求神经过程的灵活性高，兴奋与抑制迅速转换，肌肉收缩轻松协调。因此，速度练习应放在力量练习之前进行，力量练习也应以动力性力量为主。在力量练习过程中，应交替安排一些轻松快速的跑跳练习或一些协调性和柔韧性练习，这对发展速度素质十分必要。

速度素质练习应安排在练习者身心状态最佳、精力最充沛的时候进行，因为人体疲劳后神经过程灵活性降低，兴奋与抑制的快速转换不可能建立，此时发展速度素质效果不好。

2. 速度素质训练与专项技术相结合

最近体育科学研究人员发现，速度类练习对本身练习之外动作速度发展的迁移效果较低，也就是说速度练习只是更多地局限于诱发练习动作本身的速度能力。因此，速度练习需要结合专项技术动作要求进行，应具有较高的专业性。例如：短跑运动员的反应速度训练应着重提高听觉的反应能力；球类运动员应着重提高视觉的反应能力；体操运动员应着重提高皮肤触觉的反应能力。一般人的视、听、触觉中，触觉反应最快，听觉反应次之，视觉反应较慢。动作速度训练应与各专项的技术要求相结合，让运动员在速度训练中能感觉到躯干等各部位的协调配合及在空间、时间方面的速度节奏，发展专项技术所需要的动作速度。

3. 保证体能训练的环境安全

速度训练前应进行充分的准备活动，保证速度训练后的充分休息和身体恢复。当运动员进行速度练习时，如果所发出的力量及动作频率、动作幅度超过了最大的限度，将给运动员带来巨大的受伤危险。速度练习中的负荷对运动员的肌肉、肌腱和韧带提出了很高的要求，因此运动损伤发生的潜在危险性很高。运动损伤的发生原因主要包括训练手段缺乏变化、负荷过大、在气温较低或运动员疲劳的情况下运动、负荷的安排不当或是速度训练所要求的直接准备（准备活动）不充分而引起的肌肉放松能力下降等，所以对任何速度练习来说，在比赛或训练前认真进行专门的准备活动是最基本的要求。此外，在早晨的训练时间里应该注意不要安排最大强度的速度练习。如果肌肉出现疼痛或痉挛等迹象，训练就应该停止。在气温较低的天气里，应当选择恰当的服装（运动服），还应该采用按摩和放松练习等训练手段，如果要在皮肤上涂擦强力的物质来促进血液循环，必须使用经过有关医疗卫生部门批准的物质。除此以外，还需要在场地设施安全的条件下进行速度训练，注意穿透气良好、宽大的运动服和适宜的鞋袜。

4. 从体能训练者的实际情况出发

训练内容的安排要充分考虑练习者训练水平和身体状态的可接受程度，在速度练习之间要保证练习者身体疲劳完全恢复。注意采用正确的技术动作和练习内容之间循序渐进的衔接顺序，先慢后快，先易后难。

人体适宜的工作状态对发展速度素质是十分必要的，其中包括神经系统的适宜状态、内脏系统的适宜状态和肌肉系统的适宜状态。这种适宜状态可以通过集中注意力和速度练习前强度较小并保持一段时间的活动得到满足。练习者注意力集中，可使神经系统处于适宜的兴奋状态，并使肌肉保持一定的紧张度。而强度较小并保持一段时间的活动能提高中枢神经系统功能，使内脏系统与肌肉系统间形成适宜的相互关系，对改善肌肉内协调性有良好的作用。

5. 速度能力与其他能力协同发展

力量，特别是快速力量和柔韧性，是影响速度素质的重要因素，所以在发展速度素质中，首先要注意发展快速力量。例如：采用中小强度多次重复快速负重练习，使肌肉横断面和肌肉力量增大，并提高肌肉活动的灵活性；适当采用大强度练习，使肌肉用力时能够最大限度地动员更多的肌纤维同时进行收缩，提高肌肉的收缩功效。其次，柔韧性提高后可以增加力的作用范围和时间，同时能使肌肉内协调性得到改善，从而减少肌肉阻力和增大肌肉合力，最终导致运动速度的提高。

运动员整个身体或某些关节的运动速度，是实现理想运动成绩的决定性因素。而运动项目所要求的最佳运动速度经常是关节协同发力的结果，但是速度和力量并不同步发展。在一些速度能力起决定性作用的运动项目训练中，较早地进行技术动作的速度训练是很重要的，但是这些训练不一定必须遵照基本的技术模式。在一些项目中，速度与体能训练有密切联系，因为速度可能与耐力和灵活性紧密相关。而且，速度训练还可能与复杂的技术训练有关，因为速度训练需要针对项目的专门要求来安排。此外，根据项目中所参与的有关力量、耐力和灵活性，以及项目所要求的最佳/最大速度和关节运动速度变化之间的协同配合程度的不同，这些专门要求也有所不同。

（二）各类型速度素质训练的注意事项

1. 反应速度素质训练的注意事项

（1）动作熟练程度。反应速度的提高主要取决于练习者对应答信号的熟练程度。在运动中，对于动作娴熟、运用自如的练习者来说，一旦信号出现，就会即刻做出相应的应答动作。反之，则会做出迟钝的反应动作。这是由于感受器受到信号刺激，中枢神经无须再花费较长时间去沟通与运动器官的反射联系。因而，提高反应速度的最好方法就是反复多练。但在反复练习中，需要经常不断地变化练习刺激的时间和强度等因素，否则便会形成反应速度的动力定型，继而发生"反应速度障碍"。

（2）集中注意力。在运动中，保持注意力集中，可使神经系统处于适宜的兴奋状态，并使肌肉收缩处在待发状态。实验证明，肌肉处在待发状态时，要比肌肉处于松弛状态的反应速度快 60% 左右。发展反应速度练习，肌肉紧张待发状态的时间大约为 1.5 秒，最长不得超过 8 秒。这里所说的注意力主要反映在完成的动作上，以及缩短反应潜伏期的时间。

（3）掌握多种技能。反应速度需要结合实际需要进行练习，如练习短距离起跑时，主要是练习听觉—动觉的反应速度，可采用"声"信号刺激来提高这种反应能力。又如，格斗类项目动作复杂多变，这就要求练习者能在瞬间对各种复杂多变的条件做出迅速应答反应，为了达到这一要求，可多模拟实战演练或比赛的情况，因为格斗时对方所采用的动作变化只有在激烈的对抗中才能充分地显现出来，而反击对手的应答动作是否有效，则需要在对抗中得到检验。

2. 动作速度素质训练的注意事项

（1）采用的动作应是熟练掌握的。采用已熟练掌握的练习动作，可以使练习者在完成动作时，无须把精力放在如何完成动作上，而把精力集中在完成动作的速度上，以提高动作速度的练习效果。

（2）掌握好练习的间歇时间和休息方式。由于练习动作速度强度比较大，因此要求练习者需有较高的兴奋性。为了保证整个练习过程不因疲劳而降低运动的强度，并达到预定的练习效果，应严格掌握练习的间歇时间和休息的方式，因为休息间歇的持续时间决定着中枢神经系统兴奋的转换和与氧债的偿还有密切关联的植物性功能指标的恢复。休息间歇时间一方面应该长到植物性功能指标能得到较全面恢复的程度；另一方面，又应该短到神经兴奋不会因休息而产生本质性降低的程度。

（3）动作速度练习需要与练习项目相似。实践证明，如果采用了与练习项目或动作结构不相同的动作速度练习，所获得的动作速度不会积极地向练习项目或动作结构转移。例如，短距离跑练习可使体操跳马项目的助跑速度加快，但并不能由此获得器械上的旋转动作速度，这是因为旋转动作速度和动作速度的练习与感受器官和运动器官缺乏一致性。动作速度仅仅是提高水平速度的平行运动，而旋转动作速度则是物体围绕一个轴或点所做的圆周运动，只有将两者有机地结合起来进行练习，才能达到预定的练习效果。再如，球类运动的反应练习可把视觉与四肢运动结合起来，而格斗运动应把判断对手的动作与自己的攻防动作结合起来。通过简化条件的反复练习，既可以提高反应速度和动作速度，又可以掌握正确的技术动作，并协调速度的运用。

3. 移动速度素质训练的注意事项

（1）防止和克服速度障碍。当移动速度发展到一定水平时，由于神经、肌肉系统等达到一定高峰后，在练习中积累、形成的步频、步幅、技术、节奏等就会产生相对稳定的状态或动力定型，继而会出现移动速度停滞，阻碍其继续提高的现象，从而出现速度障碍。从运动技能形成规律上讲，技能动力定型的形成，使练习者在已掌握技术动作的空间特征上固定下来，在时间特征上稳定下来；从技能形成的机制上讲，神经过程的灵活性对速度练习的作用比对其他练习显得更为重要，而神经过程的灵活性练习难度是很大的；从能量供给上讲，肌肉收缩所需要的能量值的立方与肌肉收缩的速度成正比；从运动医学上讲，人体向前移动所克服的阻力与其前进速度的平方成正比。由此可见，产生运动障碍的主要原因包括：过早地发展绝对速度，基础练习不够；技术动作不合理；训练手段片面、单调；负荷过度、恢复不当；等等。

在练习中，防止和避免速度障碍应注意以下五点。

①强化运动能力，发展全面身体素质，使练习者掌握好基本技术动作，提高机体的活动能力，不要过早、过细地进行专门化的练习。

②发展肌肉力量和弹性，培养练习者轻松自如、准确协调地完成动作的意识。

③练习手段要多样化，尤其要多采用一些发展速度力量的练习手段，以变化的频率、节奏完成动作，建立起中枢神经系统灵活多样的条件反射。

④采用极限速度练习时，安排适中的运动负荷。在极限速度练习后，则要使肌肉得到一定的放松，这样做不仅可以尽快恢复机体的活动能力，还可以促进纤维工作同步化和肌肉工作的协调性。

⑤采用减少外部阻力的练习。为了防止和避免速度障碍的形成，训练中可以变换练习方法或增加一些能够产生运动过程兴奋、具有强烈刺激的练习内容，因为多次重复新的刺激能使练习者产生新的更快速度的动力定型，如减少外部阻力的下坡跑、牵引跑、顺风跑等练习。

（2）预防和克服心理障碍。心理障碍是妨碍练习者发展快速移动能力或潜力的主要因素之一，如认为对自己的成功与否难以预测，自信心较弱，消极思维导致过度紧张和焦虑，感觉提高成绩是不可能的事。要克服心理障碍应做到以下四点。

①要激发练习者顽强拼搏、奋勇进取的勇敢精神和坚定的信心，并设置适宜的目标。

②可在练习中有意识地安排一些接力跑、集体游戏等练习内容，激发练习者在练习中发挥快速移动的能力。

③在练习中有针对性地采用一些竞赛活动，通过斗智、较力，比速度、比技术、比成绩，激励练习者的高昂斗志和运动动机，使练习者在竞争中充分发挥速度水平的潜力。

④在练习或测验、考核、比赛中，可采用"让步赛"的活动形式，即强者让出一定的优势给弱者，以促使练习者尽量发挥最快的速度。

（3）注重肌肉放松的练习。肌肉的放松对速度的提高有着极为重要的作用。这是因为肌肉放松、张弛有度，能够减少肌肉本身的内阻力，增大肌肉合力，促使血液循环旺盛。生理学研究表明，当肌肉紧张度在60%～80%时，会严重阻碍血液流动，使动作协调性严重失控，已具备的快速能力将无从发挥，而肌肉放松时，肌肉中的血流情况则大为改善，比紧张时提高15～16倍。由于血液循环旺盛，能够给参加运动的肌肉输送大量的氧气，加快腺苷三磷酸（ATP）再合成速度，节省能源物质，使机体储备有限的ATP得到合理的利用，有效增加肌肉收缩。

第三节　耐力素质训练

耐力素质是体能素质的重要指标之一，同时也是重要的体能保障，从事任何运动项目的训练和比赛都需要具备一定的耐力水平。因此，在体能训练中应对耐力素质给予高度重视，并采用现代科学的训练方法进行耐力素质培养。

一、耐力素质及影响耐力的因素

（一）耐力素质的概念

耐力素质是指个体克服工作过程中所产生的疲劳的能力，它是人体身体素质的重要组成部分之一，是体现个体的健康水平或体质强弱的重要标志。任何一个体育运动项目都需要运动者具备相应的耐力素质。

个体的耐力素质好坏的主要判断标准是其是否能在长时间工作中克服机体产生的疲劳，因此运动者必须明确疲劳的概念及其产生的生理机制。运动生理学研究认为，疲劳是机体在长时间工作中引起的工作能力暂时性的降低，其表现为工作较困难或者完全不能继续按照以前的强度工作。按照阶段划分，可以将疲劳分为补偿性疲劳阶段和补偿性失调阶段。补偿性疲劳阶段即尽管完成工作较困难，但个体通过顽强的意志支配可以在一定时间内仍保持前一段工作时的强度。补偿性失调阶段即尽管主观意志想克服体力上已产生的紧张，但工作强度仍然降低。按照特点划分，可将疲劳分为心理的疲劳和生理的疲劳。在运动训练过程中，研究和克服由于身体活动和肌肉活动而引起的体力上的疲劳更加具有意义和价值。在运动实践中，个体体力上的疲劳是训练后的必然结果。可以说，没有疲劳就不能称之为训练。疲劳使运动员工作能力下降并限制其机体工作的时间，因此又是运动训练必须要克服的障碍。因此，运动者克服疲劳的能力，客观真实地反映了他的耐力水平。

（二）耐力素质的分类

按照不同的分类标准，可以将个体的耐力素质分为不同种类。

1. 按氧代谢的特征分类

（1）有氧耐力。有氧耐力是指个体在氧气供应充足的情况下坚持长时间运动的能力。针对运动者的有氧耐力训练，应重点提高运动员机体输送氧气的能力，促进其机体的新陈代谢，为提高其运动负荷奠定良好的基础。

（2）无氧耐力。无氧耐力是指个体在氧气供应不足的情况下能坚持较长时间运动的能力。一般无氧耐力又可以分为非乳酸供能无氧耐力和乳酸供能无氧耐力。针对运动者的无氧耐力训练，应重点提高运动员机体承受氧债的能力。

2. 按肌肉工作的性质分类

（1）静力性耐力。静力性耐力主要是指有机体在较长时间的静力性肌肉工作中克服疲劳的能力。例如，举重运动员在静力预蹲、静力半蹲中表现出来的耐力，以及体操运动员在十字支撑、慢起手倒立中表现出来的耐力都属于静力性耐力。

（2）动力性耐力。动力性耐力主要是指有机体在动力性肌肉工作中克服疲劳的能力。

3. 按专项活动的关系分类

（1）一般耐力。一般耐力是专项耐力的基础，是指有机体各器官系统机能克服疲劳的综合能力。个体的一般性耐力是一种多肌群、多机体系统长时间工作的能力，良好的一般性耐力有助于运动者完成大负荷训练，在长时间的运动、竞争中更好地克服运动疲劳，并在高强度的训练和激烈的竞赛后更快地恢复。但因个体的一般耐力是不同形式耐力的综合表现，不同的运动项目对个体的一般耐力素质要求是不同的。

（2）专项耐力。专项耐力是指个体为了获取良好的专项成绩而最大限度地调动有机体整体的能力，以克服有机体在较长时间内进行专项负荷所产生的疲劳的能力。一般来说，运动者从事的运动项目不同，其表现的专项耐力也不同。

4. 按身体活动的部位分类

（1）局部耐力。局部耐力主要指有机体的局部身体部位在长时间的身体活动中克服机体疲劳的能力。运动者的局部耐力取决于其一般耐力素质的发展水平。例如，运动者在长时间内反复进行上肢力量训练，上肢用力部位很快就会出现肌肉酸胀的现象和难以继续用力工作的情况。

（2）全身耐力。全身耐力主要指有机体的整个身体机能在训练和竞赛中克服疲劳的综合能力。个体的全身耐力是其综合耐力水平的表现。

5. 按持续时间的长短分类

（1）时间耐力。短时间耐力是指持续时间为 45 秒至 2 分钟的运动项目所要求的耐力，主要是通过无氧过程提供完成运动所需要的能量，因为在运动过程中氧债很高，所以个体的运动成绩与其力量素质和速度素质水平密切相关。

（2）中等时间耐力。中等时间耐力是指持续时间为 2～8 分钟的运动项目所需要的耐力，其强度高于长时间耐力项目。实践证明，在运动过程中，个体对氧的吸收和利用对其运动成绩起决定性作用。

（3）长时间耐力。长时间耐力是指持续时间超过 8 分钟的运动项目所需要的耐力。运动者在运动过程中，机体的能量主要由有氧系统供能，需要心血管和呼吸系统高度参与。

6. 按耐力表现形式和用力特征分类

（1）心血管耐力。心血管耐力是指有机体在运动中循环系统保证氧气到达细胞以支持身体的氧化能量过程和运走物质代谢废物的能力。个体的心血管耐力实际上还可以分为有氧耐力和无氧耐力。

（2）肌肉耐力。肌肉耐力是指有机体在一定外部负荷或对抗一定阻力（来自外部的阻力或人体本身的阻力）下能坚持较长时间或重复较多次数的能力。

（3）速度耐力。速度耐力是指有机体将获得的较高或最高速度一直保持到运动结束的能力。在田径运动中，运动员 200 米跑的成绩在很大程度上取决于速度耐力水平。速度耐力的生理机制与机体内无氧代谢过程的改善和机体适应缺氧能力的提高有着非常密切的关系。以 100 米、200 米跑的成绩对比来评定速度耐力时，一般用 100 米的成绩乘以 2 再加 0.4 秒即可。针对有机体速度耐力的训练主要应在提高运动者速度素质的基础上提高和改善其放松跑的能力，这样不仅可以提高运动者中枢神经系统和运动器官机能的灵活性，还可以提高运动者神经系统对缺氧和酸性代谢产物积累的适应能力。

（三）耐力素质的影响因素

1. 生理因素

（1）影响有氧耐力的生理学因素如下。

①氧运输系统的功能水平。机体的呼吸、血液和循环组成了整个氧运输系统，这一系统起到了为机体运输氧气、营养物质和代谢产物的作用，这也是有氧耐力水平的决定性因素。其中，机体血液的载氧能力和心脏的泵血功能是决定机体氧运输系统的功能水平的重要因素。机体中血液的载氧能力受血液中血红蛋白含量的影响，通常情况下，机体中 1 g 血红蛋白可以结合 1.34 mL 氧气，血液中的血红蛋白含量越高，血液结合的氧气就越多，其载氧量就越高。研究发现，一般成年男性每 100 mL 血液中血红蛋白含量约为 15 g，每 100 mL 血液中血氧容量约为 20 mL，而女性和少年儿童血液中的血红蛋白和血氧容量都要略少于成年男性。对于一些耐力项目优秀的运动员，其血液中的血红蛋白含量可以达到每 100 mL 血液中含 16 g 血红蛋白，比一般成人和其他项目的运动员都要高，也正因为此，其血液的载氧量也会超出一般人。机体的最大心排血量（心脏每搏输出量与心率的乘积）是心脏泵血功能水平高低的重要表现，机体的最大心排血量越大，外周肌肉组织单位时间内获得

的血流量越多，氧气的运输量也越大。运动生理学研究发现，一般优秀的耐力项目运动员的心室腔容积和心室壁厚度都要比非耐力性项目运动员和一般人要大，并且他们心脏每搏的输出量可以达到 150 ～ 170 mL，而普通成人则大多只能达到 100 ～ 120 mL。此外，优秀耐力选手的心肌收缩力也会比非耐力性项目运动员和一般人要大，射血的速度也较快，运动时心率即使高达 200 次 / 分钟，每搏输出量仍不减少，这些都是其具有较高的氧运输功能的生理学基础。

②骨骼肌利用氧的能力。人体的肌肉组织可以从流经毛细血管的血液中摄取和利用氧气。生理学研究表明，肌肉中的肌纤维类型和它的有氧代谢能力，会对肌肉组织摄取和利用氧气的能力产生直接的影响。肌肉中的慢缩型肌纤维比例越高，有氧代谢酶活性就越高，而肌肉组织摄取和利用氧气的能力也就越强。一些优秀的耐力型运动员都具有这些特点，他们通常具有较高的慢缩型肌纤维百分比，线粒体数量多，有氧氧化酶活性高，毛细血管分布密度大，这些都使他们的肌肉具有很强的氧气摄取和利用能力。许多学者认为，机体的心输出量是决定其有氧耐力水平的中心机制，而肌纤维类型的百分构成及其有氧代谢能力则是决定有氧耐力水平的外周机制。

同时，能够对人体骨骼肌运动时的氧利用能力进行整体反映的还有无氧阈。以无氧阈的最大摄氧量相对值表示法为例，其比值越高，反映肌肉的氧利用能力就越强。通常情况下普通成年人的无氧阈最大摄氧量在 65% 左右，而一些优秀的耐力型运动员的无氧阈最大摄氧量可以达到 80%。

③神经系统的调节能力。运动员在进行耐力运动训练时，对其神经系统提出了较高要求。它需要运动员的神经系统能够保持长时间的兴奋状态和抑制节律性转换，并且能够使机体的运动中枢和内脏中枢之间进行协调活动，以实现保持肌肉收缩和舒张的良好节律及运动器官和内脏器官活动之间的协调和配合。经研究发现，机体神经系统的调节功能可以通过耐力训练进行有效的改善，并通过改善，使机体更能适应耐力运动训练的需要，这一点也是耐力型运动员能够坚持长时间运动的生理学原因之一。

④能量供应及其利用效率。肌糖原和脂肪的有氧氧化为机体进行耐力性

运动训练提供了主要的能量。实践训练研究发现，机体中肌糖原含量不足，其耐力性运动训练成绩会受到明显的影响。反之，机体拥有充足的肌糖原储备、对有氧氧化产生的能量进行有效的利用、节约肌糖原利用及提高机体中脂肪的利用比例等，都能使机体的耐力水平得到有效的提高。机体的能量利用效率是机体在单位耗氧量条件下的做功能力。通过对耐力型运动员运动训练的研究，发现有 65% 的耐力型运动员产生运动成绩差异是机体能量利用效率的不同而造成的。

⑤年龄与性别。人体在发育过程中，其自身的最大摄氧量绝对值表示的机体最大摄氧能力会随着人们年龄的增长而逐渐增加，其中男生发育到 16 岁、女生发育到 14 岁时最大摄氧能力达到顶峰。14 岁时，男女最大摄氧量的绝对值差异约为 25%，16 岁时高达 50%。但如果以相对值"mL／（kg·min）"表示，在 6～16 岁，男生的最大摄氧量会稳定在 53 mL／（kg·min）的水平，而女生则是从 52 mL／（kg·min）慢慢下降到 40.5 mL／（kg·min），而造成这一差异的主要原因可能是女性体内脂肪增长速度会随年龄的增长而快于男生。在 25 岁以后，机体的最大摄氧量会以约每年 1% 的速度递减，到 55 岁时，机体的最大摄氧量相比于 20 岁时平均减少 27%。

（2）影响无氧耐力的生理学因素如下。

①骨骼肌的糖无氧酵解供能能力。肌糖原的无氧酵解为机体的无氧耐力提供主要的能量，而机体中肌纤维百分比构成和糖酵解酶催化活性会直接对肌糖原的无氧酵解供能产生影响。通过对不同代谢性质运动项目运动员身体结构的研究可以发现，经过这些不同项目的运动训练后，运动员之间的肌纤维百分比构成和糖酵解酶活性会出现较为明显的差异，其各个项目的特征表现得非常明显，这也表明了以上两项因素对无氧耐力发展方面起到了决定性的作用。

②对酸性物质的缓冲能力。由于肌肉糖酵解过程中会产生大量的 H^+，它们会大量积累在肌细胞内，并且会向血液中扩散，造成机体肌肉和血液中酸性物质增加，会对机体细胞内和内环境的理化性质造成一定干扰。在人体肌肉和血液中，会存在一些中和酸性物质的缓冲物质，它们是一种由弱酸及

弱酸与强碱生成的盐按一定比例组成的混合液，其主要作用就是缓冲酸、碱物质，保持体内 pH 值的相对恒定。经研究发现，一些耐力型运动员的耐酸能力要比其他类型运动员强很多。通过无氧耐力训练可以提高自身的耐酸能力，进而提高自己的无氧耐力水平。但是，目前并没有确切的研究能够证明无氧耐力训练能够提高机体的酸碱缓冲能力。许多人认为，机体在运动训练过程中之所以其耐酸能力增加，是由于酸性物质引起的心理不适感得到了强化。

③神经系统对酸性物质的耐受能力。虽然机体内酸性物质的快速积累会通过肌肉和血液中的缓冲物质得到缓冲，但对于肌肉和血液的 pH 值向酸性方向发展却是无能为力。通常情况，人体在安静状态下血液的平均 pH 值为7.4，骨骼肌细胞液的 pH 值为 7.0 左右，但是当机体进行相对剧烈或长时间的运动时，其血液和骨骼肌细胞液的 pH 值均可能出现明显的降低，血液的pH 值可能会降至 7.0 左右，骨骼肌细胞液的 pH 值则可能会降至 6.3。而通过对神经系统的研究可以发现，神经系统对运动肌的驱动和对不同肌群活动的协调作用是影响无氧耐力的一个重要因素，而神经系统的这类功能会受到大量酸性物质的影响，从而对运动过程中运动单位的激活和中枢控制的协调性产生一定影响。如果经常参加无氧耐力的训练，则可以使神经系统对酸性物质的耐受能力得到有效的提高。

2. 个性心理特征

运动员的运动动机和兴趣，以及面临运动活动的心理稳定性、努力程度、自持力和意志品质，都直接影响耐力水平的发展，特别是意志品质，在耐力训练中起着非常重要的作用。在长时间运动出现疲劳的情况下，以及在以强度为主的训练中，意志品质的重要作用体现得尤为明显。如果运动员的意志力不能强迫神经中枢继续工作，甚至提高工作强度（如终点冲刺），便不能保持运动所要求的强度水平。艾米尔·扎托贝克（Emil Zatopek）、拉塞·维伦(Lasse Virén)、王军霞等著名运动员的事例证明，人类具有极大的耐力潜力，这种潜力只有通过充分动员起来的意志力战胜由于疲劳而出现的软弱，才能得到最大限度的发挥。

3. 运动技能水平

耐力素质是一名运动员从事训练和比赛非常重要的一项基本素质。耐力素质的高低对能否取得优异的运动成绩有着极为重要的影响，因此，在任何一个运动项目中，都应把耐力素质作为基础素质来发展。需要说明的是，耐力素质要想得到很好的发展，还必须具备一定的运动技能水平，运动员运动技能水平对耐力素质的发展起到重要的促进作用，运动技能水平高有利于耐力素质的提高，反之则阻碍耐力素质的发展。

二、耐力素质训练的基本方法

（一）耐力素质训练基本方法

1. 持续训练法

持续训练法是一种低强度、长时间、无间断地连续训练的方法。练习者运用此方法进行一般耐力素质的训练，可以有效提高有氧代谢系统供能能力及该供能状态下有氧运动的强度，并且可以为练习者的无氧代谢能力和无氧工作强度的提高奠定坚实的基础。

持续训练法具有技术动作可以单一亦可多元、平均强度不大、负荷时间相对较长、以有氧代谢系统供能为主等特点。通常，练习者进行一组练习的持续负荷时间应最少保证在 10 分钟以上，负荷强度心率指标控制在 160 次／分钟左右，训练过程不中断。这类训练方法可以有效提高练习者在有氧代谢系统供能状态下所表现出来的专项耐力，有效提高技术应用的稳定性和抵御疲劳的耐久性。

持续训练法能发展一般耐力，提高摄氧、输氧等能力，还可发展专项的力量耐力。练习的目的不同，刺激的强度和负荷量也不相同。

2. 间歇训练法

间歇训练法是一种对多次训练的间歇时间做出严格规定，使机体处于不完全恢复状态下，反复进行训练的方法。在练习者耐力训练中合理应用间歇训练法，可以明显增强机体的心脏功能，使各机能产生适应性变化，有效提高和发展糖酵解代谢供能能力、磷酸盐与糖酵解混合代谢的供能能力、糖酵解与有氧代谢混合供能能力和有氧代谢供能能力，提高机体抗乳酸的能力，使练习者具备在较高强度的情况下还能持续运动的能力。

间歇训练法可以显著提高短距离跑和中长距离跑项目的速度耐力和耐力水平。间歇的方法都是采用积极性休息方式，如采用慢跑或走，也采用一些放松性的练习。当心率恢复到 120～130 次／分钟时就开始下一次的练习。

由于练习者在采用间歇训练法训练时，其机体是在未能完全恢复的情况下就进行下一次练习，因此会对机体产生以下四方面的影响。

①可以提高练习者每分钟的血液输出量，提高心肌收缩力水平和心脏输出量水平。

②可以提高练习者的呼吸系统功能，特别是其最大摄氧量水平。

③可以有效提高练习者在负荷时间较长、负荷强度相对较低的长距离跑或部分距离相对较长的中距离跑项目中的糖原有氧分解能力和有氧耐力水平。

④可以有效提高练习者在负荷时间较短、负荷强度相对较高的中距离跑及部分距离相对较长的短跑项目中的有氧无氧混合供能的能力和无氧耐力水平。

训练的时间、距离、练习的强度、间歇的时间与训练的目的构成不同类型的间歇训练法。

3. 重复训练法

重复训练法是一种多次重复同一练习，两次（组）练习之间安排相对充分休息的训练方法。练习者在耐力素质训练中，可以通过多次重复训练，不断强化运动条件反射的过程，有利于掌握和巩固技术动作，可使机体尽快产生较高的适应性机制，有利于发展和提高身体素质。其中，单次（组）训练的负荷量、负荷强度及每两次（组）训练之间的休息时间是重复训练法构成的主要因素。通常休息的方式可以采用静止、肌肉按摩或散步。

（1）短距离跑中的较长距离跑（200 米、400 米）对练习者的速度耐力要求较高，可以通过较长距离（300～500 米）段落的重复跑来有效发展练习者乳酸能供能系统的水平，提高机体负氧债能力。

（2）中距离中的较短距离项目（800米）以无氧代谢为主，运动中会产生较大氧债，且乳酸的堆积量也较大，因此，练习者可以通过重复跑500～1500米的段落，在提高人体对氧债和大量乳酸堆积耐受力的同时提高无氧耐力和速度耐力。

（3）长距离跑项目的运动负荷较大，每分钟吸氧量及循环系统要全力动员，又因跑的时间较长，使循环系统和呼吸系统有时间克服惰性逐步提高其工作水平。因此，练习者在训练时可以通过较长距离的反复跑，对循环、呼吸系统的机能水平进行有效发展，努力提高专项耐力水平。

重复训练法的特点是在心率恢复至100～120次／分钟时再进行下一次训练，其训练的时间、距离、重量及动作等有着明显的专项特点，训练的强度较大，训练的次数较少。

训练的时间、距离、练习的强度、间歇的时间与训练的目的构成不同类型的重复训练法。

4. 循环训练法

循环训练法是以练的具体任务为根据，设置多个训练站，练习者按照既定顺序和路线依次完成每站训练任务的训练方法。练习者在进行耐力素质训练时，可以运用循环训练法进行训练，这样可以有效激发自己的训练情绪，累积负荷"痕迹"，对身体的不同体位进行交替刺激。循环训练法的结构因素主要包括每站的训练内容、每站的运动负荷、训练站的安排顺序、训练站之间的间歇、每遍循环之间的间歇、练习的站数与循环练习的组数等。练习者运用循环训练法在有效提高自身训练情绪和积极性的同时，也可以合理增加运动训练过程的训练密度，根据不同个体的具体情况及时进行调整。运动循环训练法还可以防止局部负担过重，延缓疲劳的产生，非常有利于自身耐力水平的提高。

循环训练法特点鲜明，它的各训练站之间是有机联系的，各个训练站的平均负荷强度相对较低，各组循环内各站之间无明显中断，一次循环的持续负荷时间较长，负荷强度高低交替搭配进行，循环组数相对较多，上下肢练习、前后部练习顺序的配置或集中安排或交替进行。常用的训练组织方式可以采用流水式或轮换式。练习者运用此方法可以提高自己在疲劳状态下连续运动的能力及有氧运动强度，并且在提高有氧代谢系统供能能力的同时，还可以提高机体在有氧代谢供能状态下的力量耐力。

5.变换训练法

变换训练法是通过对运动负荷、训练内容、训练形式及条件的变化来促使练习者提高积极性、趣味性、适应性及应变能力的训练方法。在运动训练过程中，对运动负荷进行变换可以使机体产生一定的适应性变化，帮助机体提高自身承受运动负荷的能力。而对训练内容的变换，则可以促进机体不同运动素质、运动技术和运动战术得到系统的训练和协调的发展。

根据所变换内容的不同，可以将变换训练法分为负荷变换训练法、内容变换训练法和形式变换训练法三大类。

负荷变换训练法在降低训练负荷强度时，可以帮助机体学习和掌握运动技术；在提高训练负荷强度及密度时，则可以提高机体的适应能力，使机体能够在较大运动强度的情况继续运动。另外，可通过变换练习动作的负荷强度、练习次数、练习时间、练习质量、间歇时间、间歇方式及练习组数等变，促进运动素质、能量代谢系统的发展与提高。

内容变换训练法可以对训练内容的动作结构进行固定组合和变异组合，使训练的负荷性质符合专项特点，训练内容的变换符合体能发展的需要，练习动作的用力程度符合专项的要求。

形式变换训练法的运用，主要是通过对场地、线路、落点和方位等条件或环境的变换来进行反映的。练习者进行耐力素质训练时，通过此方法对训练环境、训练气氛、训练路径、训练时间和训练形式的变换，将各种技术更好地串联和衔接起来，产生新的刺激，使练习者拥有更高的训练情绪，由此也使练习者的神经系统处于良好的准备状态，提高练习者的表现欲，使耐力训练的质量大大提高。

6.高原训练法

高原训练法是指在海拔较高、空气中氧含量较少的高原地带进行训练的方法。这种方法多被一些专业运动队所采用，如在我国的青海多巴、云南昆明等地都设有高原训练基地。这是一种可以很好提高机体耐力水平的训练方法，在海拔高度 2000 米左右的地带进行高原训练，可以有效发展机体的有氧代谢能力，提高机体回到平原后承担大负荷训练和参加大强度比赛的能力。

在进行高原训练时，由于身处高原中，其空气中的含氧量要比平原少，这对练习者的心血管系统和呼吸系统都提出了较高的要求，通过一段时间的训练和适应，练习者的肺通气量和呼吸效率会得到明显提高，其呼吸、循环系统的机能得到很好的改善。

通过高原训练，练习者血液中的红细胞数量和血红蛋白含量都会得到增加，机体的血液输氧能力得到很大的提高。同时还能使肌肉中的毛细血管增生变粗，使肌细胞的新陈代谢有氧供能能力得到显著提高。

（二）耐力素质训练常用手段

1. 有氧耐力训练

有氧耐力训练是一般耐力的基础，运动员有氧耐力的发展水平主要取决于三方面的因素，即供给运动中所必需的能源物质的储存、为肌肉工作不断提供 ATP 所必需的有氧代谢能力，以及肌肉、关节、韧带等支撑运动器官对长时间耐力工作的承受能力。因此，通过提高运动员的摄氧、输氧及用氧能力，保持体内适宜的糖原和脂肪的储存量，以及提高肌肉、关节、韧带等支撑运动器官对长时间负荷的承受能力，是发展有氧耐力的基本途径。

（1）有氧耐力训练的指标。最大摄氧量是指在运动过程中，人体的呼吸和循环系统发挥出最大机能水平时每分钟的吸氧量。最大摄氧量是反映耐力水平的一个重要指标，最大摄氧量越大，有氧耐力水平也就越高。在有氧过程为主的运动项目中，运动员的最大摄氧量明显高于一般人（一般人的最大摄氧量为 2 ～ 3 L／min，运动员为 4 ～ 6 L／min）。同时，最大摄氧量水平越高，耐力性运动的成绩就越好。

最大摄氧量在很大程度上受遗传因素的影响。除此之外，最大摄氧量与肺的通气机能、氧从肺泡向血液弥散的能力、血液结合氧的能力、心脏的泵血功能、氧由血液向组织弥散的能力、组织的代谢能力等也有十分密切的关系。在以上因素中，具有明显可量化的指标是血液结合氧的能力，血液结合氧的能力可通过血液中血红蛋白的含量来反映。血液中血红蛋白含量越高，血液结合氧的能力越大。

（2）有氧耐力训练的参数如下。

①负荷强度。单纯发展有氧耐力水平的训练强度相对要小，训练强度应低于最大速度的70%，并以有氧系统供能为主。强度可以通过完成一定距离的时间、每秒速度、心率来评定，如以心率控制负荷强度，对一般运动员可控制在140～160次／分钟，对训练有素的运动员可控制在150～170次／分钟。根据这个强度进行长时间工作，可使有氧系统供能得到有效的改善，使心肺系统的机能水平、肌肉供血和直接吸收氧气的能力得到提高。计算发展有氧耐力的适宜心率公式为：训练强度＝安静时心率＋（最大心率－安静时心率）×70%。

心率控制在这个水平，可使输出量增加，吸氧量在最大值的80%左右。训练结果还可使心脏容量增大，有利于促进骨骼肌、心肌的毛细血管增生。如负荷强度超过此限度，心率在170次／分钟以上，就要产生氧债，从而使训练向无氧方向转化。如训练强度低于此限度，心率在150次／分钟以下，则不能有效地提高有氧能力。

在发展单纯有氧耐力水平的同时，为了有效提高耐力项目的专项成绩，还应穿插无氧性质的练习，即在短时间里加大训练强度，使心率在180次／分钟以上，这对发展有氧耐力的效果会更好些，因为在进行短时间加大强度的练习后，会使机体的最大摄氧量和心排血量出现即刻增加的短时训练适应性现象，形成一个较高的"波浪"。这个"波浪"对于提高运动员呼吸能力和改善循环系统功能是一个良好的刺激，有利于提高机体输送氧气的功能，对提高有氧耐力水平是极为有利的。

②无氧阈。每个运动员都有与其适应并且随着运动能力的提高而变化的合理负荷范围。其中，负荷强度要时时与每个人的竞技能力相一致，过低或过高都会影响练习效果，所以寻找适宜的负荷范围就显得尤为重要。无氧阈

是指人体逐渐增加工作强度时，由有氧代谢供能开始大量动用无氧代谢供能的临界点（转折点），常以血乳酸含量达到 0.004 mol／L 时所对应的强度或功率来表示。超过这个临界强度时，血乳酸浓度将急剧增加。国内外有关无氧阈的研究为探讨有氧负荷的最佳化提供了科学依据。

③有氧-无氧混合代谢区域。有氧-无氧混合代谢区域是指把所有有氧代谢和无氧代谢结合起来进行训练的有效代谢区域。例如，在跑第一个快跑段落结束时心率为 162～168 次／分钟，而慢跑段落时心率为 144～156 次／分钟。快跑段的时间、距离及其反复的数量取决于运动员的训练水平和该训练阶段的任务。这种训练手段对提高耐力项目的最大有氧能力非常有效。俄罗斯运动训练专家马特维也夫认为，过去有氧-无氧混合代谢训练量的比重占总量的 20%，而现在在 60%～70%，也就是说高质量的训练与过去相比有大幅度的提高。

④持续时间。持续时间应根据专项的特点、运动员的需要及训练阶段的不同要求进行安排。博姆帕认为，练习持续时间应有一定的变化幅度，有时为了提高比赛开始阶段发挥作用的无氧耐力，可采用 60～90 秒的训练持续时间，为了提高有氧耐力，则必须采用较长时间的多次重复（3～10 分钟）或 20 分钟至 2 个小时的持续负荷。只有坚持较多的负荷数量和长时间的练习，才能使全身血量和红细胞增加，提高每搏输出量，达到发展有氧耐力的目的。

⑤重复次数。重复次数应根据维持高水平氧消耗的生理能力来确定。如果不能维持高水平氧消耗，有氧系统就不能满足能量需要，就会使无氧系统开始工作，给机体造成紧张，并较早出现疲劳。心率是表示运动员疲劳状况的有效指标。随着疲劳增加，重复同等强度负荷时的心率也会增加。一旦心率超过 180 次／分钟，心脏的收缩能力就会降低，导致负荷肌肉的供氧不足，这时就应调整训练计划并减少重复次数。

⑥间歇时间。间歇时间的基本要求是在运动员机体处于尚未完全恢复时再进行下一次的练习。有氧耐力训练的间歇时间一般不能超过 4 分钟，因为间歇时间过长，就会出现毛细血管收缩，从而引起后面运动的最初几分钟内血液受阻。为了控制好间歇时间，可采用测量心率的方法进行，即当运动员

心率恢复到 120～130 次／分钟时，就应该进行下一次练习，这样运动员在休息时可摄取大量氧气，使整个练习与间歇时的摄氧量都保持在一个较高水平上，也使每搏输出量保持在一定水平上，从而实现对运动员呼吸和心血管系统不间断的刺激。另外，在间歇时间内，为了促进机体恢复，走或跑都是一种较好的活动方式。

（3）具体的有氧耐力训练方法如下。

①变速跑：在场地上进行。快跑段、慢跑段距离也根据专项任务与要求决定，一般常以 400 米、600 米、800 米、1000 米等段落进行。例如，中距离跑运动员常用 400 米快跑、200 米慢跑的变速或 600 米快跑、200～400米慢跑的变速。

②定时走：在场地、公路或其他自然环境中按规定时间做自然走或稍快些自然走。一般走 30 分钟左右。

③定时跑：在场地、公路或树林中做 10～20 分钟或更长时间的定时跑。

④定时定距跑：在场地或公路上做定时跑完固定距离的练习，如要求在14～20 分钟跑 3600～4600 米。

⑤重复跑：在跑道上进行。重复跑的距离、次数与强度也应根据专项任务与要求而定。发展有氧耐力重复跑强度不应大，跑距应较长些。一般重复跑距为 600 米、800 米、1000 米、1200 米等。

⑥法特莱克跑：在场地、田野、公路上做自由变速的越野跑或越野性游戏。最好在公园、树林中进行，约 30 分钟，也可跑更长时间。

⑦大步走、交叉步走或竞走：在场地、公路或其他自然环境中做大步快走、交叉步走或几种走交替进行。每组 1000 米左右，做 4～6 组。

⑧越野跑：在公路、树林、草地、山坡等场地进行。距离要求一般在4 000 米以上，多可达 20 000 米。

⑨沙地竞走：海滩沙地上竞走练习，每组 500～1 000 米，做 4～5 组。

⑩竞走追逐：在跑道上，两人前后相距 10 米，听口令开始竞走，后者追赶前者，每组 400～600 米，做 4～6 组。必须按竞走技术标准的要求，不能犯规，每组结束后放松慢跑 2 分钟。

2. 无氧耐力训练

（1）乳酸供能无氧耐力的训练参数如下。

①强度：应比发展有氧耐力的强度大得多，一般应达到本人可以承受的最大强度的 80% ～ 90%，心率可达到 180 ～ 190 次／分钟。练习中必须使机体处于无氧糖酵解状态，并产生乳酸。

②负荷持续时间：负荷持续时间应长于 35 秒钟，一般可控制在 1 ～ 2 分钟。若以游泳为训练手段，游程应控制在 50 ～ 200 米；若以跑为训练手段，跑距应控制在 300 ～ 600 米。训练实践证明，乳酸供能无氧耐力对提高田径中距离跑（800 米、1500 米）项目极为重要。跑 300 ～ 600 米段落，特别是 400 米段落后，血乳酸值可达 36 mmol／L 以上。所以，采用 300 ～ 600 米段落的训练，对于提高糖酵解能量供应是最适宜的。

③练习次数、组数和间歇时间：练习次数与组数应根据训练水平、跑速、段落长度和组间间歇时间而定。如采用 200 ～ 400 米段落，则每组可有 3 ～ 4 次重复跑，共练习 3 ～ 4 组，若采用 500 ～ 600 米段落，则可重复 2 ～ 3 组。每组练习的间歇时间和组间间歇时间应该很短，使之不带有任何有氧代谢性质。总的原则是段落短、间歇时间也短。英国著名的中跑选手史蒂夫·奥维特（Steve Ovett）跑 300 米 ×4 组，300 米之间的间歇仅 15 ～ 30 秒钟，跑完全程用 37 ～ 38 秒钟，组间休息 5 分钟。只有高水平运动员才能采用这种间歇训练方法。

④练习的顺序：练习顺序的安排直接影响到练习的效果。如先跑短段落（200～300 米）再逐渐增长段落，则运动员体内血乳酸浓度不断提高；若相反，则血乳酸浓度在前 2 ～ 3 个段落达到最大值，然后随着段落的缩短而降低。因此，为了提高运动员机体迅速动员无氧糖酵解的能力，则应先从跑长段落（500 ～ 600 米）开始，然后再跑短段落（200 ～ 300 米），若为了提高有机体长时间维持糖酵解的高度活性，有利于血乳酸累积和训练效应积累，则应采用相反顺序。采用长段落跑的手段时也可用变速方法，有时可在段落开始用快速跑，中间减速，后 1/3 跑段再加速，或把一个长段落分为三部分，后一部分的速度比前一部分快，或者跑一个长段落时经常按固定长度变换速

度，目的是培养运动员根据比赛环境变换速度的能力。

（2）间歇训练法是发展非乳酸供能无氧耐力水平的主要训练方法。发展非乳酸供能无氧耐力主要涉及以下三个因素。

①强度与练习持续时间：主要采用大强度，即采用本人可以承受的最大强度的 90% ～ 95% 进行练习，以保证机体动用磷酸肌酸。练习持续时间一般为 5 ～ 30 秒钟。

②重复次数与组数：重复次数以不降低训练强度为原则。重复次数可保持在每组 4 ～ 5 次，练习组数应视运动员具体情况而定，对训练水平高的运动员，练习组数可多一些，反之宜少一些。训练中最好采用多组方式，如每组练习 4 ～ 5 次，重复 5 ～ 6 组。

③间歇时间：间歇时间有两种具体做法。第一种是短距离（如 30 ～ 70 米的赛跑）的间歇安排，间歇时间为 50 ～ 60 秒钟。这种间歇安排的目的在于保证机体动用磷酸肌酸为能源。第二种是较长距离（如 100 ～ 150 米）的间歇安排，时间为 2 ～ 3 分钟。这样做的目的在于保证机体磷酸肌酸通过间歇时间的休息能得到尽快恢复。练习的组间间歇时间则应相对长一些，如 5 ～ 10 分钟，这样可使磷酸肌酸通过间歇时间的休息得到尽快恢复，以便进行下一组练习。

（3）具体的无氧耐力训练的方法如下。

①原地或行进间间歇车轮跑：原地或行进间做车轮跑。每组 50 ～ 70 次，6 ～ 8 组，组间歇 2 ～ 4 分钟。强度为 75% ～ 80%。

②间歇后蹬跑：行进间做后蹬跑。每组 30 ～ 40 次或 60 ～ 80 米，重复 6 ～ 8 次，间歇 2 ～ 3 分钟，强度为 80%。

③高抬腿跑转加速跑：行进间高抬腿跑 20 米左右转加速跑 80 米。重复 5 ～ 8 次，间歇 2 ～ 4 分钟。强度为 80% ～ 85%。

④原地间歇高抬腿跑：原地做快速高抬腿练习。若发展非乳酸性无氧耐力，做每组 5 秒钟、10 秒钟、30 秒钟快速高抬腿练习，做 6 ～ 8 组，间歇 2 ～ 3 分钟，强度为 90% ～ 95%。若发展乳酸性无氧耐力，做 1 分钟练习，或 100 ～ 150 次为一组，6 ～ 8 组，每组间歇 2 ～ 4 分钟，强度为 80%。

⑤间歇接力跑：跑道上，四人成两组，相距200米站立，听口令起跑，每人跑200米交接棒。每人重复8～10次。

⑥间歇行进间跑：行进间跑距为30米、60米、80米、100米等。计时进行。每组2～3次，重复3～4组，每一次间歇2分钟，组间歇3～5分钟，强度为80%～90%。

⑦反复跑：跑距为60米、80米、100米、120米、150米等的反复跑。每组3～5次，重复4～6组，组间歇3～5分钟。练习时心率应达180次／分钟。间歇恢复至120次／分钟时，就可以进行下次练习。若发展乳酸耐力，距离要长些，强度要小些。

⑧反复超赶跑：在田径场跑道或公路上，10人左右成纵队慢跑或中等速度跑，听到口令后，排尾加速跑至排头。每人重复循环6～8次。强度65%～75%。

⑨反复起跑：蹲踞式或站立式起跑30～60米。每组3～4次，重复3～4组，每次间歇1分钟，组间歇3分钟。

⑩变速跑：变速快跑与慢跑结合进行。快跑段与慢跑段距离应根据专项而定。如发展非乳酸性无氧耐力，则常采用50米快50米慢、100米快100米慢、直道快弯道慢或弯道快直道慢等。若发展乳酸性无氧耐力，则常采用400米快200米慢、300米快200米慢或600米快200米慢等。强度为60%～80%。

3. 混合耐力训练

（1）反复跑：每组反复跑150米、250米、500米之间距离，4～5次。每组练习之间休息约20分钟。要求以预定的时间跑完全程，也可以采用专项的3/4距离进行练习。要求在训练时采用80%以上的强度。

（2）间歇快跑：以接近100%强度跑完100米后，接着慢跑1分钟，间歇练习。快慢方式对照组成一组，反复训练10～30组。要求根据练习者实际情况增减和调整训练负荷。训练中要求尽全力完成训练。

（3）短距离重复跑：采用300～600米距离，每次练习强度为80%～90%，进行反复跑。学生在训练时，要注意速度分配的准确性，可以采用全程或半程的速度分配计划。

（4）力竭重复跑：采用专项比赛距离，或稍长距离，以100%强度全力跑若干次。每次之间充分休息。短跑运动员可采用30米。中距离跑运动员可以采用800米或1500米距离。

（5）俄式间歇跑：固定练习中间休息时间，随着训练水平提高逐渐缩短中间休息时间。训练时要求在400米练习中，用规定速度跑完100米后，休息20～30秒钟，如此循环反复训练。当练习者的能力可以缩短练习中间休息时间时，调整休息时间为15～25秒钟。

（6）持续接力：以100～200米的全力跑，每组4～5人轮流接力。要求在训练时注意安全和练习过程中的协调配合。也可以将所有学生分成若干组进行训练比赛。

三、耐力素质训练的注意事项

（一）必须遵循耐力素质发展的基本原则

耐力素质的发展要根据生长发育的特点来进行，选择适宜的耐力训练手段和方法，耐力素质发展的基本原则有以下内容。

第一，从实战出发原则。在进行耐力训练时，必须要处理好比赛和训练之间的关系，必须把握好实战要素和训练要素之间的和谐统一。

第二，适宜时机提高专门性原则。在进行常规的耐力素质训练的同时，还要掌握适宜时机进行专门性耐力训练。

第三，周期性原则。科学、合理的耐力素质训练，其过程会呈现出鲜明的周期特征。

第四，一致性和协调性原则。耐力训练要与取得发展耐力运动成绩要素之间形成统一的目标，做到相互协调。

第五，针对性和持续性原则。耐力素质训练要有明确的目的，并具有系统连贯性。

第六，循序渐进原则。在进行耐力训练时，训练负荷的增加要做到循序渐进，不能突然加大，防止运动伤害事故的发生。

第七，持久训练控制原则。在发展耐力素质的过程中，必须不间断和高效率地控制训练全部过程。

（二）注意有氧、无氧耐力训练相结合

在机体代谢的过程中，机体的有氧耐力和无氧耐力之间有着密切的关系。其中，有氧耐力是无氧耐力发展的基础。通过有氧耐力练习能使心脏体积增大，每搏输出量提高，从而为无氧耐力的发展打下坚实的基础。在发展有氧耐力过程中，合理穿插一些无氧耐力练习，可以对呼吸能力和循环系统的功能进行有效的改善，在增强机体输送氧气能力的同时，也大大提高了有氧耐力水平。由此可以看出，机体有氧耐力和无氧耐力之间能够相互联系和促进。所以，在耐力练习中要注意两者的结合，至于有氧耐力练习和无氧耐力练习的比例，应视实际情况而定。

（三）注意呼吸问题

在进行耐力训练时，正确的呼吸节奏是有效摄取耐力训练时自身所需要氧气的关键。在训练过程中，当进行中等负荷耐力训练时，机体的每分钟耗氧量与氧供给量之间会出现一些不平衡的现象，如果是大负荷训练，这种不平衡就会表现得更加明显。氧的摄取是通过提高呼吸频率和加深呼吸深度而实现的，在耐力训练中应将加深呼吸深度为主的供氧能力作为着重培养对象，同时，还应注意强调呼吸节奏与动作节奏配合的一致性，使呼吸与动作协调。

（四）注重专项特点

在运动过程中，运动方法不同，其增进各种能量系统的作用也会出现差异，在训练时必须根据项目的特点和需要，选择适合的训练内容、方法和手段，以达成理想的训练效果。而同一项目的不同训练周期中，耐力训练也有着特定要求，多是按照一般耐力阶段、专项耐力基础阶段和专项耐力阶段划分来进行训练的。

（五）有意识地培养意志品质

在耐力训练中，意志品质在其耐力素质提高的过程中起到了至关重要的作用，这是机体产生的一种心理内驱力，在身体承受运动极限的同时，用坚毅的品质作为内在驱动而继续前行。因此，在耐力训练过程中既要注意承受的生理负荷，同时又要对意志品质的培养给予足够的重视。

（六）注意耐力素质训练中的医务监督

一般情况下，耐力素质训练的时间较长，运动负荷较大，对机体各个系统的影响也较大，如果在健康水平不佳或者机能能力有障碍的情况下进行大负荷的耐力训练，就容易对人体各系统的功能造成严重的损害，所以在进行耐力训练时要加强医务监督，这是防止训练伤害事故的必要手段。通常在耐力训练中，医务监督包括训练前的机能评定和训练时对负荷安排的承受情况。机能评定主要包括血压、心率情况及自我感觉等，而训练时对负荷安排的承受情况是指重复动作的变异程度、训练时的面部表情等。在进行耐力训练时，一旦发现异常情况就应减量或中止训练，以提前预防伤害事故的发生。

第四节　柔韧素质训练

柔韧素质是一种重要的运动素质。武术、竞技体操、艺术体操、跳水、花样滑冰、散打、跆拳道等项目对运动员的柔韧素质都有很高的要求。发展柔韧素质不仅可以加大动作幅度，使动作更加优美、协调，还能相对加大动作力量，减少受伤的可能性。因此，科学进行柔韧训练，对于提高运动技术水平具有极为重要的意义。

一、柔韧素质及影响柔韧的因素

（一）柔韧素质的概念

柔韧素质是指人体各个关节的活动幅度，以及肌肉、肌腱和韧带等软组织的伸展能力。柔韧素质包括两个方面的含义：一是关节活动幅度的大小；二是跨过关节的肌肉、肌腱、韧带等软组织的伸展性。关节活动幅度主要取决于关节本身的装置结构。跨过关节的肌肉、肌腱、韧带等软组织的伸展性则主要通过合理的训练获得。

柔韧性在运动中具有重要意义，它是有效改进技术的必要基础，也是提高运动技术水平的基本因素之一。如果柔韧性差，掌握动作技能的过程会立即缓慢下来，并变得复杂化，而其中某些对完成比赛动作十分重要的关键技术往往不可能学会。关节柔韧性差还会限制力量及速度、协调能力的发挥，使肌肉协调性下降，工作吃力，并影响到其他运动素质的发展，而且往往还会成为肌肉、韧带损伤的原因。

（二）柔韧素质的分类

柔韧素质从需要来说可分为一般柔韧性、专项柔韧性、主动柔韧性和被动柔韧性，下面分别进行介绍。

1. 一般柔韧性

一般柔韧性是指运动员在进行训练时，为适应这类身体练习，保证一般训练顺利进行所需要的柔韧素质，例如：球类运动员在速度练习时，加大必要的步幅所需要的腿部柔韧性；田径运动员用杠铃进行深蹲练习时，所需要的大腿后群肌肉表现出来的柔韧性。

2. 专项柔韧性

专项柔韧性是专项运动技术所特殊需要的柔韧性，它建立在一般柔韧性基础上，并由各专项动作的生物力学结构所决定。例如：赛艇运动员需要良好的脊柱、肩和髋关节柔韧性；速滑和赛跑运动员则要求髋、膝、踝关节特别灵活；蝶泳则要求运动员必须具备大幅度的肩、腰活动幅度；体操运动员为了完成各种器械练习，肩、髋、腰、腿等部位必须表现出大幅度的活动范围。当运动员的柔韧性发展到一定水平时，各关节的运动幅度会超过有效完成动作所要求的程度，这种超出，就是柔韧性"储备"。

3. 主动柔韧性

主动柔韧性指运动员依靠相应关节周围肌肉群的积极工作，完成大幅度动作的能力。主动柔韧性不仅涉及培养对柔韧性有直接影响的能力，而且还涉及力量素质的发展，力量素质的发展能促进主动柔韧性水平的提高。

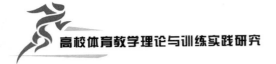

4. 被动柔韧性

被动柔韧性是指被动用力时，关节所能达到的最大活动幅度，运动员被动柔韧性的指标一般高于主动柔韧性。被动柔韧性是发展主动柔韧性的基础。

二、柔韧素质训练的基本方法

（一）颈部柔韧素质训练方法

1. 前拉头

站立或坐立，双手在头后交叉。呼气，向胸部方向拉头部，下颌接触胸部。要求双肩下压。训练时，要使动作幅度尽可能大，保持 10 秒钟左右结束该动作。

2. 后拉头

站立或坐立，小心地向后仰头，把双手放在前额，缓慢后拉颈部。要求动作轻缓，保持 10 秒钟左右结束该动作。

3. 侧拉头

站立或坐立，左臂在背后屈肘，右臂从背后抓住左臂肘关节。将左臂肘关节向右拉过身体中线。呼气，将右耳贴到右肩上。训练时，要使动作幅度尽可能大，保持 10 秒钟左右结束该动作。

4. 持哑铃颈拉伸

双脚并拢站立，右手持哑铃使肩部尽量下沉。左手经过头顶扶在头右侧。呼气，左手向左侧拉头部，使头左侧贴在左肩上。改变方向，做反复练习。要求动作缓慢进行，保持 10 秒钟左右结束该动作。

5. 团身颈拉伸

身体由仰卧姿势开始举腿团身，头后部和肩部支撑体重，双手膝后抱腿。呼气，向胸部拉大腿，双膝和小腿前部接触地面。重复练习，保持 10 秒钟左右结束该动作。

（二）肩部和背部柔韧素质训练

1. 单臂开门拉肩

在一扇打开的门框内，双脚前后开立，拉伸臂肘关节外展开至肩的高度。

拉伸臂前臂向上，掌心对墙。呼气，上体向对侧转动拉伸肩部。反复练习。训练时，要使动作幅度尽可能大，保持 10 秒钟左右结束该动作。

2. 向后拉肩

站立或坐立，在背后双手合掌，手指向下吸气，转动手腕使手指向上。吸气，向上移动双手至最大限度，并后拉肘部。反复练习。训练时，要使动作幅度尽可能大，保持 10 秒钟左右结束该动作。

3. 助力顶肩

跪立双臂上举，双手在同伴颈后交叉。同伴手扶在髋部与练习者肩胛接触，双脚左右开立站在练习者身后。身体后仰，用髋部向前上顶练习者肩胛部位。重复练习。训练时，要使动作幅度尽可能大，保持 10 秒钟左右结束该动作。

4. 背向压肩

背对墙站立，向后抬起双臂，与肩同高直臂扶墙，手指向上。呼气，屈膝降低肩部高度。重复练习。训练时，要使动作幅度尽可能大，保持 10 秒钟左右结束该动作。

5. 握棍直臂绕肩

双腿并拢站立，双手握一木棍或毛巾在髋前部。吸气，直臂从髋前部经头上绕到髋后部。再经原路线绕回，重复练习。要求速度不宜过快，双臂始终保持伸直。

6. 站立伸背

双脚并拢站立，上体前倾至与地面平行姿势，双手扶在栏杆上，略高于头。四肢保持伸直，屈髋。呼气，双手抓住栏杆下压上体，使背部下凹形成背弓。训练时，要使动作幅度尽可能大，保持 10 秒钟左右结束该动作。

7. 坐立拉背

坐立，双膝微屈，躯干贴在大腿上部，双手抱腿，肘关节在膝关节下面。呼气，上体前倾，双臂从大腿上向前拉背，双脚保持与地面接触。训练时，要使动作幅度尽可能大，保持 10 秒钟左右结束该动作。

（三）臂部和腕部柔韧素质训练

1. 上臂颈后拉

站立或坐立，左臂屈肘上举至头后，左肘关节在头侧，左手下垂至肩胛处。右臂屈肘上举，右手在头后部抓住左臂肘关节。呼气，在头后部向右拉左臂肘关节。换臂重复练习。训练时，要使动作幅度尽可能大，保持10秒钟左右结束该动作。

2. 背后拉毛巾

站立或坐立，一只臂肘关节在头侧，另一只臂肘关节在腰背部。吸气，双手握一条毛巾逐渐互相靠近。换臂重复练习。训练时，要使动作幅度尽可能大，保持10秒钟左右结束该动作。

3. 压腕

站立，双臂胸前屈肘，左手的手掌根部顶在右手的四指末端。左手的手掌根部用力压右手的四指末端。换手重复练习。训练时，要使动作幅度尽可能大，保持10秒钟左右结束该动作。

4. 跪撑正压腕

双膝和双臂直臂撑地，双手间距约与肩同宽，手指向前。呼气，身体重心前移。恢复开始姿势重复练习。训练时，要使动作幅度尽可能大，保持10秒钟左右结束该动作。

5. 跪撑反压腕

练习者双膝和双臂直臂撑地，双手间距约与肩同宽，手指向后。呼气，身体重心后移。恢复开始姿势重复练习。训练时，要使动作幅度尽可能大，保持10秒钟左右结束该动作。

6. 跪撑侧压腕

练习者双膝和双臂直臂撑地，双手腕部靠拢，手指指向体侧。呼气，身体重心缓慢前、后移动。重复练习。训练时，要使动作幅度尽可能大，保持10秒钟左右结束该动作。

（四）腰部柔韧素质训练

1. 俯卧转腰

训练方法：俯卧在台子上，躯干上部伸出边缘之外悬空，颈后肩上扛一根木棍。双臂体侧展开固定木棍。呼气，尽量大幅度转动躯干，不同方向重复练习该动作。

训练要求：该动作结束需要应保持数秒，然后再回转躯干。

2. 仰卧团身

训练方法：在垫上仰卧，屈膝，双脚滑向臀部。双手扶在膝关节下部。呼气，双手向胸部和肩部牵拉双膝，并提起髋部离开垫子。重复练习。

训练要求：训练时，要使动作幅度尽可能大，保持10秒左右结束该动作。同时注意伸展膝部并保持放松。

3. 站立体侧屈

训练方法：双脚左右开立，双手交叉举过头顶向上伸臂。呼气，一侧耳朵贴在肩上，体侧屈至最大限度。向身体另一侧重复练习。

训练要求：训练时，要使动作幅度尽可能大，保持10秒左右结束该动作。

4. 倒立屈髋

训练方法：身体从仰卧姿势开始呈垂直倒立，头后部、肩部和上臂支撑体重，双手扶腰。呼气，双腿并拢，直膝，缓慢降低双脚高度直至接触地面。重复练习。

训练要求：保持10秒左右结束该动作。

（五）腹部和胸部柔韧素质训练

1. 俯卧背弓

俯卧在垫上，屈膝，脚跟向髋部移动。吸气，双手抓住踝。臀部肌肉收缩，提起胸部和双膝离开垫子。重复练习。训练时，要使动作幅度尽可能大，保持10秒钟左右结束该动作。

2. 跪立背弓

在垫上跪立，脚尖向后。双手扶在臀上部，形成背弓，臀部肌肉收缩送

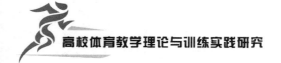
髋。呼气，加大背弓，头后仰，张口，逐渐把双手滑向脚跟重复练习。训练时，要使动作幅度尽可能大，保持 10 秒钟左右结束该动作。

3. 上体俯卧撑起

俯卧。双手掌心向下，手指向前放在髋两侧。呼气，用双臂撑起上体，头后仰，形成背弓。重复练习。训练时，要使动作幅度尽可能大，保持 10 秒钟左右结束该动作。

4. 开门拉胸

在一扇打开的门框内，双脚前后开立，双臂肘关节外展开至肩的高度。双臂前臂向上，掌心对墙。呼气，身体前倾拉伸胸部。重复练习。训练时，要使动作幅度尽可能大，保持 10 秒钟左右结束该动作。也可以将双臂继续提高，拉伸胸下部。

5. 跪拉胸

跪在地面，身体前倾，双臂前臂交叉高于头部。呼气，下沉头部和胸部，一直到接触地面。重复练习。训练时，要使动作幅度尽可能大，保持 10 秒钟左右结束该动作。

（六）髋部和臀部柔韧素质训练

1. 弓箭步压髋

弓箭步站立，前面腿膝关节成 90°，后面腿脚背触地，脚尖向后。双手叉腰。屈膝降低重心，后面腿的膝触地。呼气，下压后面腿髋部。换腿重复练习。训练时，动作幅度要做到尽可能大，保持 10 秒钟左右结束该动作。

2. 身体扭转侧屈

直立，左腿伸展、内收，在右腿前尽量与其交叉。呼气，躯干向右侧屈，双手力图接触左脚跟。身体两侧轮换练习。训练时，要使动作幅度尽可能大，保持 10 秒钟左右结束该动作。

3. 仰卧髋臀拉伸

平卧躺在台子边缘，从台子上移下外侧腿悬垂空中。吸气，台子上的内侧腿屈膝，用双手抱膝缓慢拉向胸部。训练时，要使动作幅度尽可能大，保持 10 秒钟左右结束该动作。

4. 坐立反向转体

坐在地面，双腿体前伸展，双手在髋后部地面支撑。一条腿与另一条腿交叉，屈膝使脚跟向臀部方向滑动。呼气，转体，头转向身体后方继续转体，使身体对侧的肘关节顶在屈膝腿的外侧，并缓慢推动屈膝腿。训练时，要使动作幅度尽可能大，保持 10 秒钟左右结束该动作。

5. 仰卧交叉腿屈髋

仰卧，左腿在右腿上交叉，双手交叉在头后部。呼气，右腿屈膝，并提起右脚离地。缓慢向头部方向推动左腿。双腿交替。要求保持头、双肩和背部接触地面。训练时，要使动作幅度尽可能大，保持 10 秒钟左右结束该动作。

（七）大腿内侧柔韧素质训练

1. 体侧屈压腿

侧对一个约与髋同高的台子站立，两脚与台子平行。将一只脚放在台子上。双手在头上交叉，呼气，向台子方向体侧屈。训练时，要使动作幅度尽可能大，保持 10 秒钟左右结束该动作。双腿交替练习。

2. 直膝分腿坐压腿

双腿尽量分开坐在地面，呼气，转体，上体前倾贴在一条腿上部。交换腿拉伸，重复练习。要求充分伸展双腿和腰部。训练时，要使动作幅度尽可能大，保持 10 秒钟左右结束该动作。

3. 顶墙坐拉引

臀部顶墙坐在地面，双腿体前屈膝展开，脚跟和脚掌相对。双手握住双脚脚掌尽量向腹股沟方向拉。呼气，上体缓慢直背前倾。训练时，要使动作幅度尽可能大，试图将胸部贴在地面，保持 10 秒钟左右结束该动作。

4. 扶墙侧提腿

双手扶墙站立，吸气，一条腿屈膝，向体侧分腿提起。同伴抓住其踝关节和膝关节，帮助继续向上分腿提膝，同时呼气。训练时，要使动作幅度尽可能大，保持 10 秒钟左右结束该动作。

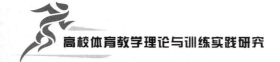

5. 跪撑侧分腿

双腿跪立，脚趾指向后方，直臂双手撑地。一条腿侧伸，呼气，双臂屈肘，降下跪撑腿的髋部至地面，并向外侧转髋。训练时，要使动作幅度尽可能大，保持 10 秒钟左右结束该动作。双腿交替练习。

6. 青蛙伏地

分腿跪地，脚趾指向身体两侧，前臂向前以肘关节支撑地面。呼气，继续向身体两侧分腿，同时向前伸双臂，胸和上臂完全贴在地上训练时，要使动作幅度尽可能大，保持 10 秒钟左右结束该动作。

（八）大腿前、后部柔韧素质训练

1. 坐压脚

跪在地面，脚趾向后。呼气，坐在双脚的脚跟上，保持 10 秒钟左右，放松后重复练习。膝关节受伤者不要采用此练习。

2. 垫上仰卧拉引

臀部坐在垫上跪立，身体后倒到躺在垫上，脚跟在大腿两侧，脚尖向后。身体后倒过程中呼气，直到背部平躺在垫上。重复练习。训练时，要使动作幅度尽可能大，保持 10 秒钟左右结束该动作。

3. 站立拉伸

背贴墙站立，吸气，直膝抬起一条腿。同伴用双手抓住其踝关节上部，帮助腿上举。注意上举腿时呼气。训练时，要使动作幅度尽可能大，保持 10 秒钟左右结束该动作。

4. 坐立后仰腿折叠

坐立，一条腿屈膝折叠，大腿和膝内侧接触地面，脚尖向后。呼气，身体后仰，先由双臂的前臂和肘关节支撑上体，最后平躺地面。训练时，要使动作幅度尽可能大，保持 10 秒钟左右结束该动作。双腿交替练习。

5. 坐拉引

坐在地面，双腿体前伸展，双手在髋后部地面支撑。一条腿屈膝，用一只手抓住脚跟内侧。呼气，屈膝腿伸展，直到与地面垂直。训练时，要使动作幅度尽可能大，动作保持 10 秒钟左右。

6. 仰卧拉伸

仰卧，直膝抬起一条腿，固定骨盆成水平姿势。同伴帮助固定地面腿保持直膝，并且帮助继续提腿。要求在同伴帮助下继续提腿时呼气。训练时，要使动作幅度尽可能大，动作保持 10 秒钟左右结束。

（九）小腿柔韧素质训练

1. 坐拉脚掌

双腿分开坐在地面上，一条腿屈膝，脚跟接触伸展腿的腹股沟。呼气，上体前倾，一只手抓住伸展腿的脚掌向躯干方向牵拉。重复练习。要求伸展腿膝部始终伸直。训练时，要使动作幅度尽可能大，保持 10 秒钟左右结束该动作。

2. 扶墙拉伸

面对墙壁站立，双手扶墙支撑身体，双脚始终贴在地面，脚趾指向墙。呼气，屈肘前移重心，两前臂贴墙，身体斜靠在墙上。重复练习。训练时，要使动作幅度尽可能大，保持 10 秒钟左右结束该动作。保持头、颈、躯干、骨盆、腿和踝成一直线。

3. 扶柱屈髋

在柱子前，双手握住柱子，双脚左右开立并尽量内旋。呼气，屈髋并后移髋关节，双腿与躯干形成约 45° 夹角。训练时，要使动作幅度尽可能大，保持 10 秒钟左右结束该动作。

4. 靠墙滑动踝内翻

背靠墙站立，双手叉腰，双脚向前滑动，踝关节和脚掌内翻。呼气，髋关节前屈。重复练习。训练时，要使动作幅度尽可能大，保持 10 秒钟左右结束该动作。

5. 体前屈足背屈

两脚相距约 30 厘米前后开立，前脚背屈，脚跟支撑地面。呼气，体前屈，力图双手触摸前脚，胸部贴在腿上。换腿重复练习，要求双腿膝关节保持伸直。训练时，要使动作幅度尽可能大，保持 10 秒钟左右结束该动作。

6.仰卧足内翻

背墙坐，臀部顶墙，双腿向上伸展分开。呼气，将双脚内翻（外踝向上翻）。训练时，要使动作幅度尽可能大，保持 10 秒钟左右结束该动作。

（十）脚部和踝部柔韧素质训练

1.脚趾上部拉伸

两脚前后开立，前面腿微屈膝，脚趾上部支撑在地面，双手放在大腿上。双脚轮流练习。注意吸气，逐渐把体重移到前面腿的脚趾上，并缓慢下压。训练时，要使动作幅度尽可能大，保持 10 秒钟左右结束该动作。

2.脚趾下部和小腿后部拉伸

面对墙，双脚相距约 50 厘米前后开立，前脚距墙约 50 厘米。双手扶墙，身体向墙倾斜。后脚正对墙，脚跟贴在地面。呼气，提起后脚脚跟，将体重移到后脚的脚掌上，下压。双腿轮流练习。训练时，要使动作幅度尽可能大，保持 10 秒钟左右结束该动作。

3.上拉脚趾

坐下，将一条腿的小腿放在另一条腿的大腿上。一只手抓住踝关节，另一只手抓住脚趾和脚掌。注意呼气，并向脚背方向拉引脚趾。双脚轮流练习。

4.下拉脚趾

坐下，将一条腿的小腿放在另一条腿的大腿上。一只手抓住踝关节，另一只手抓住脚趾和脚掌。注意呼气，并向脚掌方向拉引脚趾。双脚轮流练习。

5.跪撑后坐

跪在地面，双手撑地，双脚并拢以脚掌支撑。呼气，向后下方移动臀部。训练时，要使动作幅度尽可能大，保持 10 秒钟左右结束该动作。

6.踝关节向内拉伸

坐下，将一条腿的小腿放在另一条腿的大腿上。一只手抓住踝关节上部小腿，另一只手抓住脚的外侧。呼气，并向内（足弓方向）拉引踝关节外侧。双脚轮流练习。训练时，要使动作幅度尽可能大，保持 10 秒钟左右结束该动作。

三、柔韧素质训练时的注意事项

（一）充分准备，预防损伤

做好充分的准备活动，有助于提高肌肉的温度，有效降低肌肉内部的黏滞性。进行准备活动时，运动员应当在体温逐渐升高之后再进行柔韧素质训练，这样可以有效防止肌肉拉伤。进行柔韧素质训练时，运动员应逐步加大动作的速度、力量和幅度，且不可用力过猛。

此外，运动员在进行柔韧素质训练时还应注意训练方法的科学性，以防止出现肌肉拉伤的情况。为提高柔韧素质训练的最终效果，运动员应当防止在训练时受伤。为此，运动员应做好充分的准备活动和放松活动，减少肌肉内部的黏滞性。教师或同伴在施加外力时要遵循循序渐进的原则，同时还要了解运动员柔韧素质的发展水平，及时注意运动员的训练反应，以便合理加力与减力，从而保证柔韧素质训练取得良好的效果。

（二）循序渐进，持之以恒

柔韧素质的发展需要意志力的练习。肌肉、韧带等软组织的伸展是需要长时间坚持不懈地训练才能实现的，因此运动员在进行柔韧素质训练时应遵循循序渐进的原则。在进行肌肉拉伸训练时可能会出现疼痛现象，在教师或同伴的帮助下进行被动性拉伸练习时应更加谨慎，且不可急于求成，以防止肌肉、韧带等软组织出现拉伤。

运动员在进行一般柔韧素质训练时，每次训练课应安排一次柔韧练习。在进行保持阶段的训练时，一周的柔韧练习不得超过 3 次，练习量也应逐渐减少，每天用于发展柔韧素质能力的练习时间应保持在 45 ~ 60 分钟，一天中可安排不同时间进行训练。柔韧素质的提高需要运动员持之以恒地训练，才能达到理想的训练效果。

（三）训练计划，因人而异

柔韧素质训练必须根据专项特点和运动员的具体情况安排。例如：跳跃项目的运动员主要要求腿部和髋部的柔韧性；游泳运动员主要要求踝关节和躯干的柔韧性；体操运动员主要要求肩、髋、腰、腿部的柔韧性。因此，在全面发展身体各部位柔韧性的基础上，要重点练习专项所需要的几个部位的柔韧性。另外，运动员的具体情况不一样，在进行柔韧素质训练过程中必须区别对待，因材施教，突出针对性，这样才能使运动员积极参与到柔韧素质训练中来，并有助于实现较好的训练效果。

（四）系统训练，综合发展

身体素质的发展相互之间有转移的现象，运动器官的生长发育也会影响各种身体素质之间的关系。所以，柔韧素质训练要与发展其他身体能力的训练相结合，从而使它们之间相互促进，以实现共同发展的目的。例如，力量练习能发展肌肉的收缩能力，柔韧练习能发展肌肉的伸展能力。因此，力量结合柔韧的练习对提高肌肉质量最为有效，既能保证力量和柔韧的同时增长，又能保证关节的稳固性与灵活性。

（五）注意温度，科学训练

外界温度过高或过低，都会影响到肌肉的状态和肌肉的伸展能力。一般来说，当外界温度在 18 ℃时，有利于柔韧素质的发展，因为肌肉在这个温度下的伸展能力较好，从而可以促进柔韧素质的发展。温度过高、肌肉紧张或无力都会影响其伸展能力。

一天之内在任何时间都可以进行柔韧性练习，只是效果不同。早晨柔韧性会明显降低，所以早晨可做一些强度不大的拉韧带的练习。10 ～ 18 时，人体表现出良好的柔韧性，此时可进行一些强度较大的柔韧性练习。值得注意的是，一天中训练时间不可过长，否则容易造成身体疲劳。

（六）及时放松，科学恢复

进行柔韧素质训练后，应注意结合放松练习，以使身体尽快得到恢复，应做好与动作呈相反方向的放松练习，伸展肌群。如压腿之后做几次挺腹、挺胯动作，下完腰后做几次体前屈或团身抱膝动作，等等。

参 考 文 献

[1] 常德庆，姜书慧，张磊. 高校体育教学与运动训练研究 [M]. 长春：吉林出版集团股份有限公司，2020.

[2] 吉丽娜，李磊. 高校体育教学与训练理论实践探究 [M]. 北京：地质出版社，2017.

[3] 夏越. 现代高校体育教学研究 [M]. 北京：北京理工大学出版社，2019.

[4] 张京杭. 高校体育教学方法实践探索 [M]. 北京：现代出版社，2020.

[5] 陈轩昂. 新时期高校体育教学的改革与发展 [M]. 北京：航空工业出版社，2017.

[6] 杨乃彤，王毅. 高校体育教学创新及运动教育模式应用研究 [M]. 北京：九州出版社，2020.

[7] 张胜利，邢振超，孙宇. 高校体育教学与科学训练 [M]. 北京：九州出版社，2015.

[8] 马伟成. 建构主义理论视角下的高校体育教学改革策略 [J]. 当代体育科技，2021，11（26）：90-92.

[9] 肖丽芳. 信息技术促进高校体育运动训练科学化的研究 [J]. 当代体育科技，2021，11（22）：100-102.

[10] 孙梦瑶. 高校体育教学和运动训练的协调发展 [J]. 当代体育科技，2021，11（14）：155-157.

[11] 王体刚. 浅论高校体育教学与运动训练的互动模式 [J]. 当代体育科技，2021，11（06）：119-121.

[12] 李浩. 浅析高校体育教学与运动训练关系 [J]. 当代体育科技，2020，10（30）：124-126.

[13] 余红盈. "阳光体育"视角下的高校体育教学与运动训练 [J]. 食品研究与开发，2020，41（13）：234.

[14] 俞同. 分级教学法的应用：以高校体育教学与运动训练协调发展为例 [J]. 黑龙江科学，2020，11（07）：92-93.

[15] 黄都平. 高校体育教学融入运动心理学教育的分析 [J]. 体育科技文献通报，2020，28（02）：53-55.

[16] 陆锦华. 高校运动训练和体育教学的发展策略研究 [J]. 当代体育科技，2020，10（01）：166，168.

[17] 金波. 高校体育教学和运动训练协调发展探究 [J]. 花炮科技与市场，2019（04）：152.

[18] 张婷，丁文. 高校排球教学及训练中心理训练的应用 [J]. 田径，2019（11）：41，44.

[19] 郭丽艳. 论高校体育教学和运动训练的协调发展 [J]. 当代体育科技，2019，9（26）：144，146.

[20] 姚荣. 体育运动训练基本原则对高校体育教学的启示 [J]. 青少年体育，2019（03）：110-111.

[21] 李现武. 高校运动训练和体育教学的发展策略探讨 [J]. 当代体育科技，2019，9（09）：36-37.

[22] 杨牧. 试论体育运动训练原则及其对体育教学的影响 [J]. 当代体育科技，2018，8（15）：14，18.

[23] 凌占一. 高等院校体育教学与运动训练理论实践研究 [J]. 呼伦贝尔学院学报,
　　2018, 26（02）: 116-118.

[24] 冯涛. 简析高校体育教学与运动训练的协调发展 [J]. 当代体育科技, 2018, 8
　　（04）: 71, 73.

[25] 赵忠. 阳光体育理论在高校体育教学中的运用与研究 [J]. 科技风, 2017（09）:
　　256-257.

[26] 吕博. 高校体育教学与运动训练互动模式初探 [J]. 运动, 2016（14）: 67-68.

[27] 张婧. 新形势下高校体育教学改革面临的主要问题研究 [J]. 体育世界（学术版）,
　　2016（08）: 98-99.

[28] 孙晋海. 我国高校体育学学科发展战略研究 [D]. 苏州: 苏州大学, 2015.

[29] 田波. 体育运动训练基本原则及对高校体育教学的启示 [J]. 当代体育科技,
　　2014, 4（24）: 39, 41.

[30] 郑森. 浅议高校体育中课外运动训练的意义及原则 [J]. 当代体育科技,
　　2014, 4（02）: 27, 29.

[31] 刘鎏. 运动训练方式走进普通高校体育选修课堂的思考 [J]. 和田师范专科学
　　校学报, 2010, 29（05）: 191-192.

[32] 林顺英. 论普通高校体育教育本科专业教学质量保障 [D]. 福州: 福建师范大学,
　　2008.